Nelo Rodolfo

PALMEIRAS

Minha vida é você

ALTA BOOKS
EDITORA
Rio de Janeiro, 2016

Palmeiras — minha vida é você

ISBN: 978-85-7608-957-5

Edição revisada conforme Acordo Ortográfico da Língua Portuguesa de 2009.

Impresso no Brasil — 1ª Edição, 2016.

Autor
Nelo Rodolfo

Organizador
Joaquim de Carvalho

Pesquisador
Fernando Galuppo
Luciano Pasqualini

Assistente de pesquisa
Renan Foganholo Gonçalves

Revisão Gramatical
Gloria Melgarejo

Produção Editorial
Editora Alta Books

Gerência Editorial
Anderson Vieira

Supervisão Editorial (Controle de Qualidade)
Sergio de Souza

Produtor Editorial
Thiê Alves

Design Editorial, Layout e Capa
Aurélio Corrêa

Gerência de Captação e Contratação de Obras
J. A. Rugeri
Marco Pace
autoria@altabooks.com.br

Equipe Editorial
Bianca Teodoro
Carolina Giannini
Claudia Braga
Christian Danniel
Juliana de Oliveira
Jessica Carvalho
Mayara Coelho
Renan Castro
Silas Amaro

Marketing Editorial
marketing@altabooks.com.br

Vendas Atacado e Varejo
Daniele Fonseca
Viviane Paiva
comercial@altabooks.com.br

Ouvidoria
ouvidoria@altabooks.com.br

Dados Internacionais de Catalogação na Publicação (CIP)

R695p Rodolfo, Nelo.
Palmeiras : minha vida é você / Nelo Rodolfo. – Rio de Janeiro, RJ : Alta Books, 2015.
252 p. : il. ; 21 cm.

ISBN 978-85-7608-957-5

1. Sociedade Esportiva Palmeiras - História. 2. Futebol - Brasil - História. I. Título.

CDU 796.332(815.6)(091)
CDD 796.3340981

Índice para catálogo sistemático:
1. Sociedade Esportiva Palmeiras : História 796.332(815.6)(091)

(Bibliotecária responsável: Sabrina Leal Araujo – CRB 10/1507)

Erratas e arquivos de apoio: No site da editora relatamos, com a devida correção, qualquer erro encontrado em nossos livros, bem como disponibilizamos arquivos de apoio se aplicáveis à obra em questão.

Acesse o site www.altabooks.com.br e procure pelo título do livro desejado para ter acesso às erratas, aos arquivos de apoio e/ou a outros conteúdos aplicáveis à obra.

Suporte Técnico: A obra é comercializada na forma em que está, sem direito a suporte técnico ou orientação pessoal/exclusiva ao leitor.

ALTA BOOKS
EDITORA
www.altabooks.com.br

Rua Viúva Cláudio, 291 — Bairro Industrial do Jacaré
CEP: 20970-031 — Rio de Janeiro
Tels.: 21 3278-8069/8419

/altabooks /altabooks /alta_books altabooks@altabooks.com.br

Para
Cristina, Carol e Nelinho, que são a minha razão de viver.

E um agradecimento especial para Joaquim de Carvalho,
porque, sem a colaboração dele, este livro não teria saído.

SUMÁRIO

PREFÁCIO

TODO MUNDO QUE CONHEÇO diz que o Palmeiras nasceu de uma costela do Corinthians. Eram um só clube até 1914, quando os imigrantes italianos, passados para trás numa eleição de diretoria, teriam tomado outro rumo e fundado o próprio clube.

A história é bonita e alimenta a rivalidade entre dois dos maiores times de futebol do mundo. Os fatos, porém, são outros, como muito bem conta Nelo Rodolfo neste livro.

O Palmeiras trilhou caminho próprio e paralelo ao do Corinthians. Um nasceu na liga da elite, o outro, na várzea. No ano da estreia do Palmeiras no Campeonato Paulista, o Corinthians tinha sido admitido na elite, mas não disputou o campeonato, por um golpe baixo dos dirigentes. Alguns atletas corintianos foram então jogar pelo Palmeiras e nasceu daí a lenda da cisão.

Nelo Rodolfo conta em detalhes esta e outras histórias da Sociedade Esportiva Palmeiras, com o rigor e a precisão de quem traz na veia o sangue de repórter.

Conheci Nelo quando ele cobria casos policiais; depois, como chefe de reportagem, repórter de política, editor, âncora e comentarista de esportes. É jornalista, mas está vereador, assim como esteve deputado federal. Quando ele foi presidente da Câmara Municipal de São Paulo, eu estive lá, comissionado por alguns meses na Assessoria Policial do órgão.

Na crônica esportiva, nunca escondeu seu amor pelo Palmeiras, mas, como jornalista, sabe tratar a notícia com independência e isenção. Talvez por isso é que Nelo fez um livro, que considero o mais completo sobre o Palmeiras.

Não é um oba-oba de torcedor, como poderia ser. *Palmeiras, Minha Vida É Você* alia o rigor da informação à emoção do futebol.

Nelo trata o Palmeiras com a grandeza que merece, mas não deixa de relatar, década por década, os fatos marcantes da história centenária do clube, inclusive os mais tristes, como os dias de agonia da Segunda Guerra Mundial, quando quase deixou de existir e foi obrigado a trocar de nome.

E olha que eu "nunca gostei do Palmeiras" pelo que o "Periquito" fez com o meu Santos em 1959, 1963 e 1966.

Lendo o livro, sente-se o clima daqueles dias sombrios, com as reuniões em que dirigentes procuravam uma alternativa. A volta por cima veio no primeiro jogo com o brasileiríssimo nome Sociedade Esportiva Palmeiras, com uma vitória incontestável sobre o São Paulo Futebol Clube, num jogo em que os jogadores do Palmeiras, com Oberdan Catani à frente, entraram em campo segurando a Bandeira do Brasil.

Nelo Rodolfo narra como se formou o time de 1950, que, em um ano, conquistou as cinco coroas, inclusive o título de campeão mundial, a arrasadora máquina de 60 e 70, os anos de chumbo da década de 1980, em que o Palmeiras não ganhou nada, e a recuperação nos anos 1990, na era Parmalat.

Novo século, nova arena, sonhos renovados, porque o futebol se alimenta de sonhos e emoção.

Palmeiras, Minha Vida É Você é um livro escrito por um palmeirense, mas que merece ser lido por todos os que amam o futebol.

Milton Neves

APRESENTAÇÃO

DOZE DE DEZEMBRO DE 1965. Eu tinha seis anos de idade, mas lembro desse dia como se fosse hoje. O Santos de Pelé tinha conquistado o bicampeonato estadual por antecipação, mas, mesmo assim, foi a campo com o time completo, com o Rei inclusive. Força máxima para devolver uma goleada histórica, aplicada, naquele mesmo ano, pelo time do Parque Antártica: 7 a 1. Nessa goleada de padrão alemão, porém, o Palmeiras enfrentou o misto do Santos. Os titulares, Pelé inclusive, tinham viajado para Buenos Aires para enfrentar o Boca Juniors pela Libertadores. Aquele 12 de dezembro era o dia do Santos recolocar as coisas no lugar. Afinal, o time era quase perfeito.

Eu sabia muito sobre o Santos porque meu pai era santista, apesar do sobrenome Giongo, italiano de Veneto. Naquele tempo, porém, o Santos era multinacional e o doutor Nelão queria me mostrar uma das sete maravilhas do mundo futebolístico. O Palmeiras, hoje eu sei, não era pouca coisa, não. Naquele mesmo ano, tinha alcançado um feito único: a CBD escolheu o Palmeiras para ser a Seleção Brasileira na estreia do Mineirão, lá em Belo Horizonte. Foi a única vez que o Brasil teve um técnico estrangeiro: o argentino Filpo Nuñez, treinador do Palmeiras, comandou a Seleção Brasileira e fez bonito: o Palmeiras, ou melhor, o Brasil palmeirense ganhou do Uruguai.

De volta ao dia 12 de dezembro. Era a primeira vez que eu entrava num estádio de futebol. Pelo que me lembro, os torcedores misturavam-se e não havia briga. Tinha palavrão, mas não vi ninguém trocar sopapos. O jogo começou e Pelé parecia atrair olhares como um ímã. Quem, no entanto, jogou muito foi um atleta que eu nunca tinha ouvido falar: Rinaldo, do Palmeiras. Ele driblava, lançava, cabeceava, matava no peito. Pelé assistia. Logo começaram os gols: Dario, Dudu e Servílio marcaram no primeiro tempo.

No segundo tempo, Dario e Servílio voltaram a marcar: 5 a 0, com um estádio cheio. Até os torcedores do Santos aplaudiram os jogadores do Palmeiras. Foi bonito. Inesquecível. No caminho de volta para casa, meu pai perguntou:

— Então, o que achou?

Não pensei duas vezes:

— Gostei do verde.

A sinceridade de uma criança não surpreendeu meu pai. Foi assim que me descobri palmeirense. Sim, me descobri palmeirense, porque o time do coração a gente não escolhe. Nasce com ele. Desde aquele dia 12 de dezembro, foram muitos jogos, muitas alegrias, muitas comemorações, muitas lágrimas... Voltei ao estádio na companhia do meu pai muitas outras vezes; ele sempre compreendendo meu coração palmeirense. Quando comecei a revirar o passado para escrever este livro, com a inestimável colaboração de dois dos maiores historiadores do Palmeiras, o Luciano Pasqualini e José Roberto Christianini, o Jota, voltei àquele primeiro jogo, passando pelas emoções da Libertadores, o campeonato paulista de 1993, o troféu de 1974, o Brasileiro invicto de 1972... Tanta alegria...

Em 2014, tive a honra de participar da reinauguração do Lausanne Paulista, clube da minha querida Zona Norte, e revi os craques palmeirenses do passado, em um jogo de exibição. Estavam lá Leivinha, Edu, César e o Dudu. Abracei todos com muita alegria. Quando me aproximei do Dudu e ele me estendeu a mão para um cumprimento, imediatamente veio à memória aquele dia 12 de dezembro de 1965. Apertei sua mão e o abracei. Queria falar sobre a alegria de ter visto a Academia, da qual ele foi um dos regentes, mas, na hora, disse apenas: obrigado. É o mesmo agradecimento que faço a todos os atletas que honraram esta camisa nestes 100 anos de história.

Agradecimento que se estende a todos os que trabalharam para glória do Palmeiras em campo, a começar pelos jovens, que, naquele distante 26 de agosto de 1914, reuniram dezenas de pessoas em torno de um ideal: o futebol como fator de integração social. Este objetivo foi alcançado, mas o Palmeiras, para mim, se tornou muito mais do que isso. O que dizer? Que palavras usar? O que me vem à mente é uma frase que cantei muitas vezes no estádio e que se tornou um resumo de tudo o que você encontrará neste livro: *Palmeiras, Minha Vida É Você*.

Nelo Rodolfo

Titan explodiu na rampa e Gemini-VI não subiu

CR$ 50

EDIÇÃO DE ESPORTES

O ESTADO DE S. PAULO

Ano 2 — 13 de dezembro de 1965 — Número 66

PALMEIRAS ESMAGA SANTOS

Placar do meu primeiro jogo: "dia em que descobri que meu coração era palmeirense"

Manchete do jornal: Santos tinha Pelé, mas Palmeiras era uma academia

Crédito: Arquivo pessoal de José Ezequiel

1914 PALESTRA, FUNDAÇÃO E AMBIÇÃO

A INSPIRAÇÃO

EM 1913, O FUTEBOL EM SÃO PAULO era como o globo terrestre: as fronteiras não estavam muito delimitadas e alguns países tinham nascido pouco tempo antes, com a unificação de regiões que não tinham muita coisa em comum, exceto a vontade de serem reconhecidas. A Itália era um desses países, e o futebol em São Paulo era dividido entre a várzea e as ligas de futebol — o que se poderia chamar hoje de elite —, com a maioria dos clubes somando poucos anos de vida.

Duas ligas rivalizavam — Liga de Futebol Paulista (LPF) e a Associação Paulista de Sports Athleticos (APSA). Para mostrar força, a APSA contratrou a vinda da Seleção da Federação de Portugal para amistosos com as equipes filiadas. Apenas os clubes filiados à APSA podiam participar dos amistosos, que despertaram grande atenção da imprensa. Na sequência, trouxeram o Corinthian Team da Inglaterra e, da mesma forma, apenas os seus filiados puderam participar dos jogos. A LPF ficou em grande desvantagem, mas tentou reagir, trazendo um combinado chileno.

Com estas ações, a APSA se fortaleceu e conseguiu seduzir o vice da LPF, o Ypiranga, além de incentivar a criação do São Bento, que trouxe a maior parte do elenco do Americano, campeão da LPF. Neste momento, a APSA contava com os ingleses do São Paulo Athletic Club, os norte-americanos do Mackenzie College, os quatrocentões do Paulistano e da A. A. das Palmeiras e até mesmo os escoceses do Scottish Wanderers.

A LPF, por outro lado, apesar de contar com Germânia e Internacional, buscou a popularização e atraiu clubes mais fracos, como o Campos Elyseos, Minas Gerais, Lusitano e até o Hydecroft, de Jundiaí. A novidade ficou por conta do Corinthians, que despertava grande interesse na várzea paulistana.

No meio do ano de 1914, a estratégia de buscar adversários do exterior para jogar com seus filiados e, assim, tentar monopolizar as atenções da mídia e da sociedade paulista, continuou e a LPF resolveu investir tudo e realizar o sonho da grande massa de italianos da cidade: trazer, pela primeira vez, uma grande equipe italiana ao Brasil, para fazer amistosos com seus filiados.

A LPF acionou o Sr. Marcellino Marcello, ex-presidente do Espéria (então Societá Italiana di Canottieri), que formalizou o convite ao Sr. Mario Nicola, italiano fundador e proprietário do Jornal

Marcellino Marcelo: o Espéria na origem do Palestra

Crédito: Arquivo histórico do Clube Espéria

"Lo Sport Del Popolo", que tinha um irmão, também ex-jogador, morando em Buenos Aires. Nicola, por sua vez, repassou o convite aos vários clubes italianos, que, mesmo lisonjeados, acabavam recusando, seja pela falta de datas ou, principalmente, pelos custos.

A viagem era longa e o sonho dos brasileiros, adiado, até que Vittorio Pozzo, conselheiro do Torino, acabou levando a proposta para a sua diretoria. Pozzo tinha uma irmã casada com um italiano, piemontês, que era diretor de uma fazenda de café no interior de São Paulo, a Fazenda Santa Veridiana, perto de Campinas. Pozzo insistiu na oferta e todos os diretores apresentaram problemas para a viagem e se recusaram a acompanhar, mas deram carta branca, caso ele — Vittorio Pozzo — quisesse organizá-la.

O Torino estaria livre do campeonato italiano a partir de junho e Vittorio aceitou o desafio.

Torino x Pró-Vercelli

Com a notícia de que a LPF havia acertado com o Torino, a APSA sentiu o golpe, mas reagiu rapidamente. Impôs-se o desafio de trazer a melhor equipe da Itália, senão a própria seleção italiana. Para fazer frente às despesas, buscou um acordo com a Liga de Futebol do Rio de Janeiro, mandou um emissário para a Itália com uma proposta irrecusável e, dias depois, a APSA anunciava a vinda da poderosíssima Pró-Vercelli, que já havia vencido cinco títulos nacionais em seu país, até então."

Observação: A Pró-Vercelli voltaria a conquistar o scudetto em 1921 e 1922, tornando-se bicampeã italiana. Em 1935, entretanto, a equipe caiu para a 2ª divisão e tornou-se amadora, distanciando-se das grandes equipes. Atualmente, disputa a 2ª Divisão do Campeonato Italiano.

Tanto ela quanto o Torino seriam as primeiras equipes italianas a jogarem no continente americano e outra equipe só aportaria por aqui quinze anos depois, em 1929.

Logo após a contratação das equipes para a turnê pela América, a Europa vivenciou o atentado que matou o príncipe austro-húngaro e sua esposa (28/06/1914), estopim daquela que viria a ser a guerra mais sangrenta da história.

Enquanto a Europa vivia as preliminares da I Guerra, Vittorio Pozzo travava sua batalha para conseguir cumprir o compromisso de levar o Torino ao Brasil. Assim como os dirigentes, vários jogadores do elenco apresentaram seus motivos para não viajar, restando apenas onze atletas. Para reforçar o elenco, Pozzo conseguiu a adesão de outros cinco jogadores: Lovati, do Milan, Valobra, do Piemonte, Arioni III, da Juventus, Ernesto Peterly, da Inter, e Ângelo Tomaselli, do Novara.

A Chegada do Torino e da Pró-Vercelli

No dia 21 de julho de 1914, a Seleção Brasileira realizou o primeiro jogo de sua história. Na verdade, era um combinado de paulistas e cariocas, que enfrentou o Exeter City, equipe da Inglaterra. No dia seguinte, uma quarta-feira chuvosa, partiu, pouco depois do meio-dia, do porto de Gênova, o navio "Duca di Genova", trazendo os jogadores do Torino. A viagem faria escala em Barcelona e seguiria direto para Santos. Dias antes, havia partido a equipe da Pró-Vercelli, com destino à cidade do Rio de Janeiro.

O Torino embarcou com 1 *portiere* (goleiro): Giuseppe Morando; 3 *terzini* (zagueiros): Carlo Capra, Enrico Bachmann e Enrico Arioni (III); 5 *mediani* (meias): Attilio Valobra, Ernesto Peterly, Cesare Lovati, Benito Mosso (II) e Domenico Giorda; 7 *attaccanti* (atacantes): Guido De Bernardi, Eugenio Mosso (III), Francesco Mosso, Carlo Tirone, Egidio Arioni (II), Angelo Tommaselli e Achille Arioni (IV).

O tratamento foi de primeira, registrado pelo próprio Pozzo:

> Diciotto persone, viaggio in prima classe, andata e ritorno, su piroscafi italiani di linea, pagato dai signori americani, biglietto di ritorno già in nostre mani alla partenza, assicurazione e soggiorno spesato in tutto, vitto, bibite, viaggi, tram, automobili, lavatura e stiratura biancheria, barba e capelli imprevisti, tutto.

Dezoito pessoas, viajando na primeira classe de vapores italianos, com bilhetes de ida e volta já em nossas mãos na partida, pagos pelos senhores americanos, que garantiram também as despesas de seguros de vida, alimentos, bebidas, viagens, bonde, carros, serviço de lavandaria, cabelo e barba, enfim, tudo.

Embarcaram com o bilhete de volta garantido, tudo pago, comida, bebida, hospedagem e até barba e cabelo.

No dia seguinte ao embarque, a Áustria encaminhava ultimato à Servia e cinco dias depois, enquanto as duas equipes rumavam ao Brasil, em pleno Oceano Atlântico, a Áustria declarava guerra à Servia. Era o início da I Guerra Mundial.

Uma semana depois, a guerra por aqui era outra, travada entre a LPF e a APSA, disputando quem apresentaria primeiro o seu convidado italiano para o primeiro amistoso no Brasil.

A APSA foi mais esperta e fez a Pró-Vercelli desembarcar no Rio de Janeiro, levando-os direto do porto para a estação ferroviária, onde embarcaram para São Paulo no trem noturno, que estava com um vagão especialmente reservado para o transporte da delegação.

Na manhã do dia 02 de agosto de 1914, um domingo, os jornais já amanheceram alardeando a chegada da "Squadra Representativa Italiana". O Estadão publicou, na capa, uma foto da Pró-Vercelli, sob o título "A Squadra Italiana de Foot-Ball", e a reportagem contava que, "em carro reservado, ligado ao nocturno de luxo, chegam hoje a São Paulo os players da squadra representativa italiana".

Este título, por sinal, "Squadra Representativa", foi insistentemente propagado pela APSA e pela imprensa, dando a interpretação de que se tratava da seleção italiana ou, ao menos, a base dela. Em função disto, a Pró-Vercelli chegou a ser punida no retorno à Italia por ter aceitado esta posição.

Em São Paulo, a delegação da Pró foi hospedada no Hotel D´Oeste, os atletas fizeram um pequeno passeio a pé e foram, logo a seguir, ao estádio para a primeira partida contra o fortíssimo Paulistano, em partida realizada no Velódromo.

Torino no Parque Antártica: todos queriam ver os italianos jogarem

Crédito: Arquivo pessoal de José Ezequiel

O evento foi um sucesso absoluto, com pouco mais de dez mil pagantes (um recorde para a época), mas a Pró, cansada de toda a viagem, acabou sucumbindo e perdendo o jogo por 1 a 0.

Na segunda-feira seguinte, 03 de agosto de 1914, chegaram notícias de que Alemanha, França e Rússia haviam entrado na Guerra. Foi neste clima, cansado da viagem de navio e trem, do jogo no dia anterior e com as notícias de guerra na Europa, que um grupo atordoado de jogadores da Pró entrou em campo para o segundo amistoso. Veio a segunda derrota. Na terça, chegaram notícias da entrada da Inglaterra na Guerra.

Finalmente, na quarta-feira, dia 05 de agosto de 1914, o Torino chegou ao porto de Santos, recepcionado por uma grande delegação da colônia italiana e dirigentes da LPF. Já não havia mais pressa, pois a Pró já havia atuado duas vezes no Velódromo e, assim, o Torino foi levado para o Guarujá, onde os atletas pernoitaram. O hotel era de frente para o mar. Somente no dia seguinte, embarcaram de trem para São Paulo, quase ao mesmo tempo em que a Pró entrava em campo para o terceiro amistoso, desta vez contra um combinado do Mackenzie e da A. A. das Palmeiras.

O domingo, 09 de agosto de 1914, foi especial para toda a colônia italiana da capital, pois as duas grandes equipes italianas jogaram ao mesmo tempo. A Pró foi ao Velódromo para o seu quarto amistoso, contra um combinado do São Bento e Ypiranga, que terminou empatado em 2 a 2, com dois gols de Friedenreich para os brasileiros. Ao mesmo tempo, no Parque Antártica, o Torino fez sua estreia e aplicou uma sonora goleada sobre o Internacional, por 6 a 0. Em meio aos torcedores, destaca-se Luigi Cervo, atleta do Internacional, mas que não atuava no quadro principal. Luigi e seus colegas saíram encantados com o futebol dos italianos.

Na quarta-feira, o Torino voltou ao Parque lotado e goleou novamente o adversário, uma seleção de estrangeiros da LPF, tendo o Germânia como base: 5 a 1 para a Torino. No dia seguinte, a Pró exibiu seu futebol no Velódromo, no seu quinto amistoso.

Torino e Pró-Vercelli mostraram a força do futebol italiano, mas, em São Paulo, os imigrantes italianos não tinham nenhum clube com o qual pudessem se identificar. Os imigrantes alemães tinham o Germânia, hoje Pinheiros; os descendentes das famílias mais antigas da cidade, os quatrocentões, o Paulistano; o Corinthians despontava na várzea; e o Santos já fazia fama na Baixada. A jornada do Torino e da Pró-Vercelli em São Paulo inspirou um grupo de jovens imigrantes.

OS FUNDADORES

Luigi Cervo: um idealista

Crédito: Arquivo pessoal de José Ezequiel

Luigi Cervo

O Fundador do Palestra

O principal mentor e fundador do Palestra foi Luigi Cervo, italiano, nascido na Calábria, que chegou garoto ao Brasil. Ainda jovem, ficou fascinado com o novo esporte, o futebol, acompanhando jogos no Velódromo, e se inscreveu como jogador no S.C. Internacional, clube que abrigava jovens esportistas de várias origens, ao contrário dos demais, e que conquistou o Campeonato Paulista de 1907.

"... foi entre 1905 e 1906 que eu pude satisfazer o meu sonho, inscrevendo-me no Sport Club Internacional ..." (Luigi Cervo)

Em 1910, o pai de Luigi faleceu e ele começou a trabalhar, na Casa Matarazzo. Bastante ativo, após o expediente (*doppo lavoro*), frequentava a Sociedade Dramática e Recreativa Bella Estrella, clube social que recebia, em sua grande maioria, os trabalhadores da Matarazzo.

Quanto à inspiração para fundação do Palestra, nada melhor que ler as palavras do próprio Luigi, registradas, anos depois, por comemoração de aniversário do Palestra:

> Eu e meus colegas funcionários da Casa Matarazzo fazíamos parte da Sociedade Recreativa e Dramática Bela Estrela, onde reuníamos as nossas famílias para eventos litero-musicais e também para as danças, que, naquela época, eram consideradas como novo gênero de esporte. No entanto, as visitas à nossa

LUIGI CERVO

capital das equipes de futebol do Pró-Vercelli e Torino F.C., que aqui realizaram onze partidas, repercutiram em todas as classes, provocando, como era natural, o sentimento patriótico da colônia, com momentos de empolgação e de entusiasmo transbordante.

... aquela visita firmou, em mim e nos meus companheiros da sociedade Bella Estrella, a ideia de fundar uma sociedade esportiva da colônia italiana. Nossos propósitos entusiasmaram numerosos moços, filhos de italianos, que já militavam nas equipes de futebol.

Mas, como lançar a iniciativa e concretizá-la, se nos faltava tudo, embora empolgados pelo nosso entusiasmo juvenil?

Uma noite, com poucos outros, apresentei-me à redação do Fanfulla, onde todos eram meus amigos. O Grande Oficial Angelo Poci acolheu-me com afeto paternal e declarou que aquele grande jornal, somente em duas ocasiões, tinha tratado de acontecimentos esportivos: quando da vinda da Pró-Vercelli e do Torino. Era necessário, portanto, arranjar um redator esportivo, difícil de obter-se naquela época.

O obstáculo foi logo superado, pois que nem a mim, nem ao Gr. Ofif. Poci, pareceu verdade a minha nomeação para o novo cargo...ad honorem.

[Trechos de Discurso de Luigi Cervo em 1939, por ocasião dos 25 anos do Palestra]

Vincenzo Ragognetti

O Provocador

Vincenzo Ragognetti: um literato

Crédito: Arquivo pessoal de José Ezequiel

Vincenzo nasceu em 04 de abril de 1896, em São Paulo, filho de imigrantes italianos. Ainda jovem, passou alguns anos estudando na Itália e, no retorno, concluiu seus estudos no Mackenzie College. Com boa formação, tinha vocação para as artes literárias, escrevia e falava muito bem. Juntava estes conhecimentos com outra característica marcante de sua personalidade: a provocação, a ironia. Forma que encontrou para questionar a sociedade, a cultura de sua época. Através da provocação, procurava gerar a ação, as mudanças. Ao longo de uma vida muito bem vivida, Ragognetti tornou-se poeta, escritor de vários livros, foi amigo pessoal de Monteiro Lobato, dividindo o mesmo teto por algum tempo, jornalista, proprietário de jornal, enfim, uma personalidade complexa, instigante, irrequieta, mas que entra para a nossa história ainda moço, com 18 anos de idade. É o próprio Ragognetti que, ao lembrar daquele momento, nos diz:

> No ano de 1914, aqui vieram os Cesares do futebol internacional... o Torino, a Augusta Taurinorum... Mandei uma cartinha ao Fanfulla, atacando — sempre tive e tenho a mania de atacar alguém — a colônia italiana de S. Paulo, então numerosa e barulhenta, pela sua negligência em não fundar um time de futebol.

Luigi Cervo, no aniversário de 25 anos do Palestra, comentou:

> Dias depois, o Fanfulla recebia uma carta muito bem escrita, entusiástica e resolutiva, que trazia a assinatura de um ilustre desconhecido: Vincenzo Ragognetti, que, mais tarde, devia tornar-se amado e estimado como poeta, como escritor, como jornalista, como técnico de questões esportivas e, sobretudo, como palestrino fervoroso, devotado, fidelíssimo.

VINCENZO RAGOGNETTI

A Convocação

Foi assim que, no dia 14 de agosto de 1914, na edição de sexta-feira do Fanfulla, foi publicado o texto assinado por Vincenzo Ragognetti, com o título:

PER LA FORMAZIONE DI UMA SQUADRA ITALIANA DI FOOT BALL IN S PAOLO":

S.Paolo, 13-8-1914

Egregio sig. Direttore del <<Fanfulla>>

Egregio signore, uma parola e per questa um posticino del vostro giornale. Ecco di che si tratta: alcuni noti foot-balleurs italiani, ma associati a Clubs brasiliani mi hanno incaricato di scrivervi per un progetto da loro ideato, fra una tazza di café e l´altra, facendomi pure capire che di tale progetto intendono che il vostro giornale diventi propugnatore e propagandista.

— Noi abbiamo in S.Paolo — dicono i foot-ballers sul lodati — il club di foot-ball dei tedeschi, degli inglesi, dei portoghesi, degli internazionali e perfino dei cattolici e dei protestanti, però um club che sia composto solamente di <<sportmem>> italiani, benchè la nostra colônia sai qui grande, non existe e nemmeno si è tentato ancora di fare! Foot-ballers italiani che giuocano bene in S.Paolo si trovano; perchè di comune accordo non riuniamo detti signori e cosi come abbiamo associazoni del remo, filodrammatiche, sociali, patriotticche, ecc ecc potreme pure avere um club di foot-ball italiano?

Fin qui la proposta dei foot-ballers italiani, a voi, signor direttore, il comento.

Senz´altro tenetemi per vostro,

Vincenzo Ragognetti

S.Paulo, 13-8-1914

Prezado senhor diretor do <<Fanfulla>>

Prezado senhor, uma palavra e, por esta, um pequeno espaço no vosso jornal. Eis do que se trata: alguns italianos jogadores de futebol, mas associados a clubes brasileiros, encarregaram-me de escrever sobre um projeto elaborado por eles, entre uma taça e outra de café, entendendo que o seu jornal poderia ser o defensor e propagandista de tal projeto.

— Nós temos em S. Paulo — dizem os jogadores com elogio — o clube de futebol dos alemães, dos ingleses, dos portugueses, dos internacionais e até mesmo dos católicos e dos protestantes, mas um clube que seja composto somente de "esportistas" italianos, embora a nossa colônia seja muito grande, não existe e nem mesmo se foi tentado fazer! Jogadores de futebol italianos, que jogam bem, temos em S. Paulo; por que, de comum acordo, não reunimos estes senhores e, assim como temos associações de remo, filodramáticas, sociais, patrióticas, etc etc, montamos um clube de futebol italiano?

Fica a proposta dos jogadores italianos e a você, senhor diretor, os comentários.

Vincenzo Ragognetti

No dia seguinte, **15 de agosto de 1914, um sábado,** os italianos comparecem ao Parque Antártica para assistirem ao Torino golear o Corinthians por 3 a 0 e, na terça, em uma nova grande exibição, desta vez goleando a Seleção da LPF por 7 a 1. Enquanto isso, a Pró-Vercelli já havia retornado para o Rio de Janeiro, onde realizou mais quatro amistosos antes de retornar para a Itália.

A Primeira Reunião

É neste clima de euforia que Luigi Cervo continuou a execução de seu plano e, com a adesão de colegas esportistas e outros colegas da Matarazzo, bancou um anúncio do próprio bolso, novamente no Fanfulla, convocando todos para a reunião de fundação do novo clube, que inclusive já tinha nome, proposto pelo próprio Luigi: *PALESTRA ITALIA*.

Fanfulla de 19/08/1914, página 5, Seção "Gli Sports"

PALESTRA ITALIA

Si comunica a tutti i connazionali che allo scopo di fondare uma Societá che si chiamerá Palestra Italia, é stata organizzato uma Direzione provvisoria. La Societá avrá anche uma sezione filodrammatica e danzante, e uma sezione sportiva, questa, com lo scopo di organizzare un "time" puramente italiano per la prática del "foot-ball".

Tutti coloro che desiderano aderire all´iniziativa, e fino ad ora sono studenti e impiegati di commercio, sono invitati a partecipare alla riunione che avrá luogo questa sera alle ore 20 nel salone Alhambra, in rua Marechal Deodoro n. 2 allo scopo di completar ela Direzione provvisoria e l´organizzazione della Societá.

PALESTRA ITALIA

Informamos a todos os conacionais que, com o objetivo de fundar uma Sociedade que se chamará Palestra Italia, foi organizada uma Direção provisória. A Sociedade terá uma seção filodramática e dançante e uma seção esportiva, esta com o objetivo de organizar um time puramente italiano para a prática do futebol.

Todos os que desejarem aderir à iniciativa, que até agora conta com estudantes e empregados do comércio, estão convidados a participar da reunião, que ocorrerá hoje às 20 horas, no Salão Alhambra, na rua Marechal Deodoro nº 2, com o objetivo de completar a Direção provisória e a organização da Sociedade.

Palestra — Palavra de origem grega, que nasceu como referência aos espaços onde um mestre ensinava alguma prática a seus alunos. Embrião das primeiras escolas, as palaistras eram utilizadas para o ensino de lutas, estudos gerais e até para a discussão e debate filosófico. As gymnasias eram grandes complexos públicos, que incluíam a própria palestra, os campos de exercícios e o estádio, que era o local de corridas a pé. Em Atenas, houve três gymnasias: a Academia fundada por Platão, o Lyceum fundado por Aristóteles e a Cynosarges. Com o passar do tempo, as palestras foram ficando marcadas pelo lado mais popular, que seriam as escolas de luta. Quando os romanos importaram o conceito, houve a generalização e até a distorção dos termos, onde gymnasia e stadium se confundiram e onde gymnasia e palaestra, também. No início do século XX, na Itália, palestra era o termo usado para o local onde se ensinavam e se praticavam atividades atléticas e esportivas, motivando a escolha do termo pelos italianos. Ainda hoje, diferente da interpretação brasileira, palestra é palavra usada, no mundo inteiro, para designar local de exercícios físicos ou escola de lutas.

Salão Alhambra — A rua Marechal Deodoro era a primitiva rua de São Gonçalo, que, em 1846, teve sua denominação mudada para rua do Imperador, em homenagem à primeira visita da família real à Província de São Paulo, em 26/01/1846. Com o fim da monarquia e a proclamação da república, em 15/11/1889, a Câmara alterou o nome para rua Marechal Deodoro. Em 1926, ela desapareceu. Seu lado ímpar foi demolido para o alargamento da Praça da Sé, enquanto que o seu lado par tornou-se o lado par da praça.

Era para ser a reunião de fundação e compareceram mais de 40 pessoas. Logo na abertura, surgiu um novo personagem, Ezequiel Simoni, convocado para presidir a Assembleia.

Ezequiel Simoni: um orador nato

Crédito: Arquivo pessoal de José Ezequiel

Ezequiel Simoni

O Anarquista

Ezequiel nasceu em Nápoles, Itália, no ano de 1875, e veio ainda garoto para o Brasil, onde se casou e teve três filhos. No ano da fundação do Palestra, contava com 39 anos, sendo o mais velho entre os presentes. Assim como Ragognetti, Ezequiel também tinha veia literária, escrevendo alguns livros com temas relacionados a causas operárias, anarquismo (em oposição à monarquia), além de participação em alguns eventos como orador.

Ragognetti, por ocasião da morte de Ezequiel, lembra do velho amigo:

> Ao apelo que fiz, por intermédio do "Fanfula", adolescente ainda, com a cabeça cheia de cabelos e de empresas audazes, o Ezequiel aderiu, gostosamente, como simples curiosidade de homem que sempre ansiava para algo de novo na vida estagnada da nossa cidade. Veio e ouviu a palavra candente de Luiz Cervo, cheio de fogo e de energia, sonhando grandes coisas para aquele pequeno clube de futebol, que se iniciava com ciclópicos programas, mas sem um centavo sequer na caixa social; ouviu, com simpatia, as minhas ironias, traduzindo o meu inato "espírito de porco", que ainda, por desfastio dos meus colegas de diretoria, no Palmeiras, não me abalou: ouviu com atenção, as serenas ponderações dos irmãos Vaccari; e, no fim, como o mais velho da turma, no meio daquela mocidade vicejante, que tudo ignorava para fundar uma sociedade, com competência, com critério, sem alardear empáfia inoportuna, nos ensinou como se iniciava uma sociedade: os propósitos, os sócios, a sede social, os estatutos, o campo, os jogadores, os primeiros subscritores, a primeira assembleia para nomeação dos dirigentes, os sócios fundadores, enfim, "abriu-nos os olhos".

Lembro, eu dei o meu palpite: por que não poderia ser ele o nosso Presidente, o Presidente do conselho provisório? A assembleia, pela palavra do Luiz Cervo, aceitou o alvitre por aclamação e o Ezequiel Simoni que não entedia patavina de futebol, de associação desportiva, de velódromo, do Paulistano, do Tutu Miranda, do Zé Rubião, de "off-side" e de "Kick" a la Charles Miller, entrou para o Palestra Italia porque sentia-se bem e, contagiado com o entusiasmo daqueles moços que tinham muitas ideias nas cabeças aloucadas, mas que tinham também os bolsos vazios.

Foi o bom senso, foi o guia honesto, foi o conselheiro ponderado no meio da nossa "mocidade turbulenta e despropositada", foi o "nosso pai" com sabedoria e com paciência, com tática e com diligência.

Clube Social ou só de Futebol?

Sem dúvida, o objetivo era montar uma grande equipe de futebol, mas havia também a ambição de torná-lo a referência definitiva para toda a colônia italiana, em todos os campos esportivos e sociais, e este tema gerou grande debate na reunião. A despeito dos esforços conciliatórios de Ezequiel Simoni e de Luigi Cervo, um grupo liderado por Luigi Rocco radicalizou a posição na defesa de um clube exclusivamente de futebol, provavelmente com receio de que as demais atividades atrapalhassem o objetivo final, e, sentindo-se derrotado, abandonou a reunião e não compareceu na semana seguinte, na reunião oficial de fundação do clube. Retornou, porém, dias depois, aderindo ao novo clube, assim que percebeu que o futebol seria o carro-chefe. Luigi Rocco, por sinal, retornou e se envolveu de tal monta, que integrou a comissão de compra do Parque Antártica em 1920.

Diante de todo este cenário, de dúvidas, discussões e esclarecimentos, foi decidida a convocação de uma nova assembleia, marcada para a quarta-feira da semana seguinte, sendo que o próprio Luigi Cervo, acompanhado de Luigi Marzo, comprometeu-se a elaborar uma proposição de Estatuto a ser submetida na Assembleia.

Luigi Marzo: talento para organização

Crédito: Arquivo pessoal de José Ezequiel

Luigi Marzo

O Cérebro

Outro grande amigo de Luigi Cervo, jovem de perfil fechado, era o cérebro entre os fundadores. Organizou as primeiras diretrizes e ajudou a redigir o primeiro estatuto, tornando-se ainda o primeiro vice-presidente.

Para a elaboração do primeiro Estatuto, Luigi contou com o apoio de Augusto Vaccaro, filho do ilustre general italiano Giorgio Vaccaro, que foi presidente da Lazio e da Liga Italiana del Calcio. Luigi teve também o apoio de Italo Bosetti. O texto foi redigido com base no Estatuto da Juventus de Turim, considerado o mais apropriado.

Na semana que se seguiu, enquanto este time preparava todo o material, os italianos choraram a morte do Papa Pio X, no dia 20/08/1914. No entanto, ainda viram o Torino fazer os dois últimos amistosos, ganhando ambos, e encerrando sua passagem pelo Brasil no dia 25/08/1914, véspera da reunião de fundação do Palestra.

LUIGI MARZO

Baile de fundação: nos passos da sociedade

Crédito: Arquivo pessoal de José Ezequiel

1914

A FUNDAÇÃO DO PALESTRA ITALIA

Às 20 horas do dia 26 de agosto de 2014, no mesmo Salão Alhambra, começava a reunião já convocada como "Assembleia Geral", que marcaria oficialmente a fundação do novo clube. O documento foi escrito em italiano. Abaixo, a tradução do documento para o português, exceto o último parágrafo, que deixei conforme está no original e publiquei a tradução ao lado, para o leitor ter noção do idioma que predominava naquela comunidade de jovens idealistas, que sonhavam promover a unificação italiana no Brasil através de um clube de futebol:

"Ata da 1ª Assembleia Geral dos Sócios do Palestra Italia, realizada a 26 de agosto de 1914.

Presentes 37 sócios, conforme a lista subscrita, o sr. Ezequiel Simoni foi, por unanimidade dos presentes, nomeado presidente provisório para dirigir os trabalhos da presente Assembleia.

O sr. Simoni agradece e, tomando posse do cargo, abre a sessão às 9 horas, lendo a seguinte ordem do dia para discussão:

1º — Leitura da ata de sessão preparatória

2º — Discussão e aprovação do Estatuto e de diversos regulamentos internos

3º — Eleição do Conselho Diretivo

4º — Várias

Aprovada por unanimidade, fala em primeiro lugar o sr. Armando Rebucci, que indaga de que modo e com quais meios se deve constituir a Biblioteca para a instrução intelectual. O sr. presidente explica que a Biblioteca será oportunamente organizada, com a colaboração de sócios que desejarem oferecer livros à sociedade, com os fundos sociais ou com subscrição.

Lido o capítulo 2º, o presidente cede o posto ao secretário e propõe a anulação do artigo que fala dos Sócios Perpétuos, alegando que tal qualidade de sócios é mais para as sociedade de mútuo socorro do que para a nossa.

O sr. Ragognetti, entretanto, opta pela admissão dos Sócios Perpétuos, sendo do mesmo parecer o sr. Rebucci. O sr. Simoni insiste em sua proposta. O sr. Luigi Médici associa-se à proposta de Ragognetti, tendo o presidente posto em discussão as duas propostas, resultando ser aprovada por maioria a proposta de Ragognetti.

O sr. Oberdan Zamboni pede explicação sobre o parágrafo "F" do artigo 4, relativo aos Sócios Correspondentes, sendo feita nova leitura, com a qual Zamboni se confessa satisfeito, sendo, depois disto, aprovada a proposta.

É lida a proposta 3ª.

Revisto o parágrafo 6 do artigo 7 — Deveres dos Sócios — o sr. Ragognetti propõe que a cota mensal para os sócios efetivos seja de Rs. 5$, quando o Estatuto mencionava Rs. 3$. O sr. Rebucci associa-se ao sr. Ragognetti, enquanto que alguns presentes optam pelos Rs. 3$. Então, o presidente põe em discussão o parecer, tendo a maioria aprovado a quota de 3$. Discutiu-se depois a taxa de admissão de que trata o capítulo 6. Cervo propõe 5$ como taxa de admissão, o que foi aprovado por 21 votos.

Lidos os capítulos 4, 5, 6, 7, 8, foram todos aprovados por unanimidade.

Finalmente, o presidente submete ainda uma vez à aprovação o Estatuto, com as modificações feitas, sendo o mesmo aprovado por unanimidade.

O sr. Rebucci pede a palavra e propõe um voto de aplauso aos que compilaram o Estatuto.

Procede-se, então, a eleição do Conselho Diretivo, por escrutínio secreto. Votaram 34 presentes. É eleita a seguinte Diretoria:

Presidente:	Ezequiel Simoni	[28 votos]
Vice-Presidente:	Luigi Emmanuelle Marzo	[34, unanimidade]
Secretário-Geral:	Luigi Cervo	[34, unanimidade]
Vice-Secretário:	Antonio Aulicinio	[34, unanimidade]
Diretor Esportivo:	Vicenzo Ragognetti	[32 votos]
Revisores de Contas:	Guido Giannetti	[34, unanimidade]
	Oreste Giangrande	[34, unanimidade]
	Armando Rebucci	[29 votos]
Tesoureiro:	cav. Francisco De Vivo	[33 votos]
1º Mestre Sala:	Álvaro F. Silva	[34, unanimidade]
2º Mestre Sala:	Francesco Morelli	[34, unanimidade]
Inspetor de Sala:	Francesco V. Cilento	[30 votos]
	Adolfo Izzo	[25 votos]

Aqui, diante do senhor presidente, pelo sr. Luigi Cervo, agradecemos aos presentes pela confiança demonstrada e prometemos fazer todo o possível, também por força de sacrifício, para que o "Palestra Italia" ocupe o primeiro lugar entre todas as sociedades existentes, para ser digno de seu nome e que nos lembre da Pátria distante! Dado o adiantado da hora e não havendo outros temas importantes a serem tratados, o senhor presidente declara encerrada a Assembleia.

Qui, prima il Signor Presidente, por il signor Luigi Cervo, ringraziano i presenti della fidúcia loro dimonstrata e promettono fare tutto il possibile anche a fúria di sacrifici, affinchè la "Palestra Italia" ocupi il primo posto fra tutte lê Societá esistenti, per essere degna del nome che porta e che ci rammenta la Pátria lontana ! Vista l´ora tarda e non essendori altro a trattare di importante, il Signor Presidente dicchiara chiusa l´Assemblea alle ore 24 e 55 minuti.

S. Paulo, 7 de outubro de 1914.

Primeiros Dias

A primeira sede foi instalada provisoriamente no escritório do sócio, corretor de seguros, futuro fundador e presidente do Sindicato dos Corretores de Seguro, Armando Rebucci, na Rua Riachuelo, quase esquina com a Praça da Sé. Era lá que os sócios se reuniam todas as quartas-feiras, discutindo as várias ideias e sonhos, mas enfrentando uma grande dificuldade de recursos.

Enquanto isso, os dirigentes conseguiram, junto à prefeitura, uma concessão de uso de terreno localizado na Vila Clementino, mas este não era muito apropriado e, já no início de setembro, os treinos passaram a ser feitos na Rua Major Maragliano, na Vila Mariana, em campo conhecido como "Barranco" e "Buraco". Naquele momento, eram apenas treinos, enquanto se planejava o jogo de estreia, que deveria ser grandioso, para mostrar a ambição do novo clube.

Não se conhecem detalhes das razões, mas fato é que, vinte dias após sua eleição, Ezequiel Simoni pediu demissão do cargo, sendo sucedido por Augusto Vaccaro, e Luigi Marzo também foi trocado, na vice-presidência, por Felice Grecco. Quem permaneceu, sempre como a voz forte e determinada do Palestra, foi seu fundador Luigi Cervo, sempre como secretário-geral.

A Primeira Guerra agravou-se e, baseada quase totalmente nas infantarias, gerou enormes perdas a todos os lados. Os envolvidos começaram a convocar reforços na América, conclamando os imigrantes a retornarem a seus países para lutar. A Itália sofreu para combater os alemães e a colônia italiana no Brasil, que desde o primeiro momento apoiou financeiramente o esforço de guerra, passou a enviar os voluntários. Até o presidente do Palestra, Augusto Vacaro, embarcou para a Itália em janeiro.

A APRESENTAÇÃO DO PALESTRA

1915

Existiam diversos clubes de italianos na cidade e, para mostrar, desde o princípio, o seu diferencial e a sua disposição de se tornar o principal e maior de todos, o Palestra começou a organizar, para o primeiro sábado do ano, um evento luxuosíssimo de apresentação do clube, seus planos e objetivos, mobilizando toda a colônia.

O objetivo foi marcar terreno, convidar autoridades, unir toda a colônia e mostrar a ambição do clube. O cônsul-geral da Itália, comendador Pietro Baroli, confirmou presença, acompanhado do chanceler do Consulado, Guido Frioli, além de várias autoridades políticas e esportivas. O anúncio do evento repercutiu por toda a cidade e, no dia 6 de janeiro, a APSA anunciou o aceite do Palestra Italia na liga da elite do futebol paulista.

Durante a festa, foi anunciada a participação italiana na Primeira Guerra. Com isso, as doações financeiras para o clube seriam prejudicadas, pois a Cruz Vermelha Italiana viraria prioridade.

O evento foi aberto com a execução do Hino Nacional do Brasil, seguido da "Marcia Reale Italiana". O orador oficial, Umberto Serpieri, leu o discurso de apresentação do Palestra Italia, seus ideais, objetivos e ambições, encerrado com a oferta ao cônsul do pergaminho, no qual era nomeado Presidente Honorário do Palestra Italia, em belíssimo trabalho do engenheiro Gachetti.

S.C. Savoia, o Primeiro Adversário

Em função da guerra, alguns pensaram em adiar a estreia do Palestra, mas Luigi Cervo manteve a ambição e propôs um jogo especial, em Sorocaba, terra de enorme colônia italiana. O adversário escolhido foi o Savoia.

Na manhã de 24 de janeiro de 1915, embarcaram mais de sessenta palestrinos no trem para Sorocaba, incluindo quinze jogadores do segundo quadro, onze titulares do primeiro quadro, cinco dirigentes e mais de vinte torcedores.

Bianco: autor do primeiro gol

Crédito: Arquivo pessoal de José Ezequiel

A chegada a Sorocaba foi bem organizada e havia uma pequena multidão aguardando o Palestra. Todos seguiram para um almoço, que deveria ser leve, mas tornou-se um banquete. Dizem que os jogadores teriam "honrado" a mesa e os frascos de "chianti".

O segundo quadro foi o primeiro a entrar em campo e, assim, Luigi Cervo, além de fundador, foi um dos primeiros jogadores a vestirem o uniforme do Palestra. Não há registros conclusivos, mas algumas fontes indicam que o segundo quadro teria jogado com camisa inteiramente azul.

Após a preliminar, entraram as equipes principais para o primeiro jogo oficial do Palestra Italia, que teria jogado com a camisa verde, com faixa horizontal branca, tendo como escudo a Cruz de Savoia. O Savoia teria jogado com seu uniforme principal: camisa azul clara, que também carregava a Cruz de Savoia.

Do lado do Palestra, o destaque ficou por conta de Bianco.

Bianco Spartaco Gambini nasceu em São Paulo em 18 de julho de 1893. Aos 12 anos, começou a jogar futebol como *back* do Tiradentes, equipe da capital. Em 1912, já com 19 anos, morando na Argentina, jogou na segunda divisão de lá pelo "Club Atlético Estudiantil Portenho", sagrando-se campeão argentino. Em 1913, retornou ao Brasil. Em 1915, deixou a LPF e foi jogar na APSA pelo Mackenzie College, integrando a seleção da APSA contra a seleção carioca, no primeiro Rio–SP da história, com vitória dos paulistas por 2 a 1. Em 1916, aceitou o convite e passou a integrar definitivamente o elenco do Palestra Italia, sempre como capitão. Teve a honra de marcar o primeiro gol da história da equipe. Isto já bastaria para eternizar seu nome, mas ele foi além e permaneceu no clube por longuíssimos dezessete anos, conquistando vários títulos, disputando várias partidas pelas seleções paulista e brasileira. O pai de Bianco foi dirigente do Palestra e ajudou a montar a sede na Rua Riachuelo, em 1915.

Fábio Ferré foi outro destaque deste primeiro time. Fundador do Palestra, eleito para a diretoria do clube, Ferré jogava futebol com amigos no "Bohemios Foot-Ball Club", de Osasco. Participou dos primeiros amistosos do Palestra, atuando como ponta esquerda. No final do ano, acabou eleito vice-presidente, chegando a assumir a presidência por algum período.

Do lado do Savoia, o destaque ficou por conta dos Imparato. Nove irmãos Imparato chegaram a atuar pelo Savoia, incluindo quatro que atuariam pelo Palestra Italia, dois deles presentes nesta primeira partida.

O primeiro tempo terminou sem gols e, na segunda etapa, o Palestra construiu a vitória com dois gols rápidos, um na sequência do outro, coroando de êxito o evento de apresentação da equipe.

De fora, olhos lacrimejando de emoção, sabor de vitória e de dever cumprido, estava Luigi Cervo. Ele sabia que, dali em diante, seria impossível acabar com o clube que ele e muitos outros, apesar do pouco tempo, já tanto amavam. Dali em diante, o Palestra pensaria grande porque seria grande e o próximo passo seria a filiação junto à APSA (Associação Paulista de Sports Atléticos), a fim de disputar o Campeonato Paulista.

No dia seguinte, 25 de janeiro de 1915, o Jornal Fanfulla publicou, na página 6, uma matéria sobre o jogo, com o título *UNA SUPERBA AFERMAZIONE DELLA "PALESTRA ITALIA" Centinaia di italiani si recano a Votorantim per salutare la squadra italiana [Gino Restelli, 1959 — pg.50]*. Na mesma matéria, o editor informou: *"I vincitori sono stati assaliti, stretti, abbracciati, baciati, portati in trionfo dalla folla."*

"Os vencedores foram atacados, apertados, abraçados e carregados em triunfo pela multidão."

Nos meses seguintes, o Palestra buscou sua estruturação e seguiu o plano de inscrição na APSA. Em junho, foi eleita uma nova diretoria, com Leonardo Pareto como presidente, Fábio Ferré como vice e Luigi Cervo reeleito para a Secretaria-Geral. Em junho, o Palestra conseguiu marcar um amistoso contra o Paulistano, em benefício da Cruz Vermelha Italiana e do "Cominato" Italiano Pró-Patria. No final do ano, o Cav. Francisco de Vivo (sobrinho de Francesco Matarazzo) assume a presidência.

Na história do Palmeiras, uma das lendas é que o clube nasceu de uma dissidência do maior rival. O historiador Luciano Pasqualini teve o cuidado de pesquisar o nome dos 500 primeiros sócios do Palestra e comparar com os 500 primeiros sócios do Corinthians — um contingente expressivo para a época. Não existe um nome sequer coincidente.

Para o historiador Pasqualini, a lenda nasceu do fato de que alguns jogadores que defenderam o rival em 1914 passaram a jogar no Palestra a partir de 1915. Não era nenhuma dissidência, mas apenas uma opção diante de uma situação vivida pelo Corinthians, que deixou a liga a que pertencia, mas não foi admitido com plenos direitos na Associação Paulista de Sports Athleticos (APSA) e ficou fora do campeonato. Todos esses jogadores que escolheram vestir a camisa do Palestra eram imigrantes italianos ou descendentes.

"PAZZA GIOIA!" POR TODO O PAÍS

A COMPRA DO PARQUE DA ANTARCTICA

EM 1885, JOAQUIM SALLES, herdeiro de grande fortuna, retornou dos EUA, onde se formou em Engenharia, e reuniu alguns investidores para, juntos, comprarem uma grande chácara na região da Água Branca, para a construção de uma indústria de transformação e produção de derivados de suínos, incluindo banha, preparação de presuntos, salsichas, cortes de carne e curtume. Para conservação do material, foram construídas várias câmaras frigoríficas e, no mesmo espaço, foi construída a primeira grande fábrica de gelo do Império, com capacidade para dez toneladas diárias, e foi justamente a produção de gelo que inspirou o nome do novo grupo, Antarctica, em referência ao continente gelado. O terreno era fonte de água límpida e a produção de gelo atrairia, poucos anos depois, um empresário alemão interessado na fabricação de cerveja premium, com cevada importada. Nasceu desta sociedade a Cia. Antarctica Paulista, que recebeu mais investimentos estrangeiros, comprou várias cervejarias e se tornou líder absoluta neste mercado.

Fábrica de gelo, depois cerveja: preparando o Parque Antártica

Crédito: São Paulo Antiga

Em 1902, a Cia. Antarctica mandou construir um parque no imenso terreno que possuía. Foram feitas alamedas, paisagismo, áreas para piquenique, lago com pedalinho, balanços e brinquedos infantis, uma choperia, que também funcionava como restaurante, coreto, piscina, quadras de tênis e campo de futebol, que era alugado para clubes como o Germânia e o São Paulo Railway. Apesar de distante, o Parque era servido por linhas de bonde e trens, que escoavam a produção tanto para o centro da cidade quanto para o interior. A acessibilidade tornou imediatamente o Parque da Antarctica o principal ponto de lazer da cidade, algo como o Parque do Ibirapuera atual (que só seria construído nos anos 1950).

Diversos eventos eram realizados no Parque, incluindo provas de Atletismo como a São Silvestre, lutas de boxe, exibições de aviação, espetáculos artístico-musicais, como a Ópera Aída em 1915, mas era o futebol que atraía com mais constância e volume o público para o Parque.

Parque Antártica, 1915, apresentação da Ópera Aída: arena multiúso, mas com outro nome

Crédito: Arquivo pessoal de José Ezequiel

Em 1920, o campo estava locado para o América, clube da capital que sublocava o terreno para outros clubes, como o Palestra, que tinha reservadas as tardes de terça e quinta para treinamentos e as manhãs dos sábados, domingos e feriados para os jogos.

O Palestra estava determinado a comprar um terreno para a construção do seu campo de futebol e, como utilizava o Parque Antártica desde 1915, era natural especular sobre a sua compra. Foi formada uma comissão, composta pelos senhores David Picchetti, Américo Giorgetti, Enrico de Martino e Luiz Rocco.

O que parecia um sonho começou a se viabilizar, quando a Antarctica resolveu transferir sua sede e produção de cerveja para a região da Mooca, onde havia comprado outra grande cervejaria. Consultando os sócios da empresa, estes informaram que o campo do Parque poderia ser vendido, mas que antes seria preciso o consentimento do locatário, o América, através de seu presidente Belfort Duarte.

Farinello, diretor do Palestra, foi o encarregado de procurar o presidente do América, que estava convalescendo, na sua residência na serra de Itatiaia, quase na divisa com o Rio, de uma grave doença pulmonar. Após doze horas de trem, mais cinco horas a cavalo, conseguiu chegar lá e obter a concordância para o rompimento do contrato. Belfort não se aproveitou da ocasião. Foi um gentleman e, sabendo das ambições palestrinas, abriu mão do contrato de inquilinato.

Os valores da transação foram muito bem negociados pela comissão, que mostrou ambição e criatividade. Como eram todos homens de negócio, empresários líderes nos seus segmentos, tornaram o Palestra pioneiro em parcerias com empresas e no conceito de marketing, negociando a exclusividade de venda de produtos da Antarctica dentro do clube e a manutenção do nome nas publicidades. Os alemães gostaram da ideia e, assim, o negócio foi viabilizado.

O preço estabelecido foi de 500 contos de réis, uma fortuna. Para efeito de comparação, Gino Restelli citou, em seu livro de 1959, que uma boa casa na época da compra custava 20 contos e um palacete, 40 contos; ou seja, o terreno deve ter custado algo em torno de 25 milhões de reais em valores atuais.

* T. nº 13963 * IL

11.º TABELIONATO
OTAVIO UCHÔA DA VEIGA
TABELIÃO
ANTONIO G. DE SOUZA JUNIOR
OFICIAL MAIOR
RUA SÃO BENTO, 41
SÃO PAULO
BRASIL

Custas Judiciarias

TABELIONATO VEIGA

Fls.1

Otavio Uchôa da Veiga,
Bacharel em Direito, ex- Advogado, Serventuário Vitalício
do Undécimo Ofício de Notas, desta Cidade e Comarca de Sã
Paulo, Capital do Estado do mesmo nome, da República dos
Estados Unidos do Brasil, na forma da lei, etc., etc.,

C e r t i f i c a

atendendo a pedido verbal de pessôa interessada, que,
vendo em o cartorio a seu cargo os livros de notas des
nados às escrituras públicas, deles em o de numero 67
(sessenta e sete), às folhas de numero 1 verso (um
so), verificou constar a escritura do teôr integral
guinte: " Escriptura de venda e compra com hypotheca
Rs. 500:000$000. - Saibam quantos esta pública escr
virem que, no Anno do Nascimento de Nosso Senhor Je
Christo, de mil novecentos e vinte (1920), aos vi
sete dias do mez de Abril, do dito ano, nesta Cida
pital de São Paulo, em meu cartorio, perante mim
lião, compareceram partes entre si justas e contr
a saber: como vendedora a Companhia Antarctica P
sociedade anonyma, com séde nesta Capital, repr
por seus directores, Conde Asdrubal A. do Nasci
Adam von Bulow, regularmente autorizados por As
Geral, estes commerciantes, e como compradora
ção Sportiva " PALESTRA ITALIA", com séde nes
representada por seus directores Menotti Falc
te, Enrico Belli secretário geral em exercíci
zo thesoureiro em exercicio devidamente auto

Em 23 de abril de 1920, uma assembleia extraordinária foi realizada para tratar da compra do Parque, e nela foi lida a minuta do contrato de compra do Parque da Antarctica, aprovada por unanimidade. Foi esta a primeira ata escrita em português (junto da versão em italiano). Nos anos seguintes, as atas voltaram a ser escritas exclusivamente em italiano, sendo aquela realmente uma situação especial.

Menotti Falchi, um amante dos esportes desde seu tempo no Espéria, assinou a escritura de compra do Parque Antártica

Crédito: Arquivo histórico do Clube Espéria

Três dias depois, em 26 de abril de 1920, o presidente Menotti Falchi, junto de Enrico Belli, secretário-geral, e Luigi Izzo, o tesoureiro em exercício, devidamente autorizados pelo Conselho Deliberativo, compareceram ao cartório para assinar a escritura de compra e venda, redigida pelo 11º Tabelião de São Paulo.

O Palestra pagou a primeira quota, equivalente a 50% do valor do Parque, com o cheque nº 09743, de 250 contos de réis, visado em nome de Francisco Matarazzo & Cia Ltda, assinado por David Picchetti, Enrico de Martino e Américo Piorgetti, emitido em 26 de abril de 1920. O restante seria pago em duas parcelas de 125 contos, com vencimento em 31 de dezembro de 1921 e 31 de dezembro de 1922.

Gastou-se mais uns 100 contos para as despesas de contrato e ajustes no campo de futebol. O gramado foi todo refeito. Foram construídas mais algumas pequenas tribunas.

Fachada do Parque em 1920: nenhum tostão do dinheiro público

Crédito: Arquivo pessoal de José Ezequiel

Escritura de compra: pagamento com cheque em nome de Francisco Matarazzo & Cia. Ltda

Crédito: Arquivo pessoal de José Ezequiel

CAMPEONATO PAULISTA DE 1920

Um dia antes da compra do Parque, o Palestra estreava com força total no Campeonato Paulista de 1920, vencendo o Corinthians por 3 a 0, com gols de Ministro e Heitor (2). Era o cartão de visitas do Palestra, que assustava todos os adversários pelo poderio dentro e fora de campo.

Time campeão paulista de 1920: Palestra barra o até então invencível Paulistano

Crédito: Arquivo Pessoal de José Ezequiel

Torcedores lotam o estádio para ver o Palestra derrotar o Paulistano

Crédito: Arquivo pessoal de José Ezequiel

A torcida correspondia. Em maio, após vencer o Mackenzie por 7 a 0, o Palestra jogaria em Santos, que possuía um grande time. O jornal "O Estado de S. Paulo" reportou:

Quem desprevenido e ignorante das nossas coisas sportivas fosse hontem pela manhã à Estação da Luz, haveria de indagar que facto extraordinário havia acontecido, que personagem de alta importância no mundo iria embarcar ou desembarcar... Desde cinco e meia que a estação da ingleza fervia. Uma verdadeira onda de povo alli fazia enorme burburinho. ... tudo uma confusão, um estardalhaço medonhos! Às seis horas, saiu um trem abarrotado de povo, que se comprimia nas plataformas e pelos corredores dos vagões. Dahi a minutos, outro comboio inicia marcha da mesma forma. E logo depois, outro... E lá se foram... para assistir ao jogo Palestra Italia-Santos, que à tarde ia ser disputado no campo da Vila Belmiro... Enquanto isso, pela estrada do Vergueiro, dezenas de automóveis porfiavam em levantar mais poeira, e em mais vezes infringir a decantada lei da regulamentação da velocidade dos vehiculos...

Dentro de campo, o Palestra vencia novamente: 3 a 2 sobre o Santos.

Na sequência, o Palestra conquistou uma série de vitórias, com várias goleadas, incluindo 11 a 1 no Internacional, com seis gols do Heitor, mas o Paulistano, tetracampeão, também fazia uma bela campanha e as duas equipes chegaram ao final com a mesma pontuação, exigindo um jogo extra. Em 19 de dezembro de 1920, a cidade parou para acompanhar a final, entre o tetracampeão Paulistano, de Friedenreich, e o Palestra Italia. O jogo foi muito equilibrado e nervoso, com o primeiro tempo terminando em zero a zero. No começo da segunda etapa, o Palestra abriu o placar com Martinelli, mas, logo em seguida, o Paulistano empatou e foi somente aos 32 do segundo tempo que Heitor puxou uma arrancada, tocou para o miolo da área, houve um grande bolo entre zagueiros, goleiro e atacante, e a bola acabou sobrando livre para Forte, que bateu para o gol quase vazio. Palestra 2 a 1. Daí, foi um drama até o final da partida e, com o apito final, veio a explosão de alegria dos palestrinos. A festa saiu da Chácara da Floresta e tomou todo o centro da cidade. O presidente **Picchetti**, em pronunciamento famoso, pediu aos jogadores que controlassem a "**pazza gioia**", a alegria louca. Os jornais fizeram grande cobertura e o orgulho dos italianos se espalhou por todo o País, incentivando a criação de vários outros Palestras. Até a Gazetta dello Sport, de Milão, publicou coluna exaltando o Palestra Italia, seus dirigentes e jogadores.

BICAMPEONATO PAULISTA DE 1926/1927

Em 1926, o Palestra dominou completamente o cenário esportivo, conquistando o Campeonato Paulista de Futebol, o Campeonato Extra, o Título Estadual, Campeão do Segundo Quadro, Campeão de Basquete e de Atletismo (São Silvestre por Equipes). No futebol, além do título, a campanha foi absolutamente perfeita, com nove vitórias em nove jogos, 100% de aproveitamento, e um ataque arrasador comandado por Heitor.

Uma curiosidade é que, no final daquele ano, a Federação organizou um segundo campeonato paulista e o Palestra voltou a conquistá-lo, novamente com 100% de aproveitamento.

Palestra campeão em 1926: 9 vitórias em 9 jogos.

Crédito: Arquivo pessoal de José Ezequiel

Segundo Campeonato Paulista

Em maio de 1927, o tradicional Torneio Início já mostrava que as coisas não seriam diferentes do ano anterior e o Palestra venceu seus quatro jogos, tornando-se campeão, na abertura do Paulista.

A conquista do bicampeonato paulista foi marcada por inúmeras goleadas. Em quatro delas, o Palestra fez nove gols: 9 a 0 contra o Primeiro de Maio, 9 a 0 no Barra Funda, 9 a 2 no República e 9 a 0 no Elvira. Outras goleadas marcantes foram: 7 a 2 na Portuguesa, 4 a 1 no Santos e, a maior delas, 11 a 2 no Corinthians de São Bernardo.

Uma curiosidade naquele ano foi um registro em ata de reunião do Conselho, de 20 de maio de 1927, tratando de uma discussão sobre oferta da prefeitura para ficar com o Parque Antártica, oferecendo em troca um grande terreno nas margens do Rio Tietê. Proposta formalmente recusada.

Bicampeão em 1927: goleadas fazem parte da rotina

Crédito: Arquivo pessoal de José Ezequiel

TRI E MELHOR EM TUDO — 1930 A 1940

BIANCO E JUNQUEIRA

NO FINAL DE 1929, BIANCO ABANDONOU os gramados. Foi o fim de uma era. O grande zagueiro e capitão, símbolo dos primeiros anos e conquistas do Palestra, assumiu a função de técnico. No final do ano seguinte, a diretoria trouxe o jovem Junqueira. O cavalheiro Ernesto Giuliano estava em viagem pelo Paraná, quando ficou sabendo de um jovem, que jogava muito bem quando morava no interior de São Paulo, mas que, no Paraná, não estava em nenhum clube. Convidou-o para fazer alguns testes e treinar no Palestra. Junqueira veio e foi avaliado justamente por Bianco, que aprovou o garoto e deu a ele as primeiras oportunidades no time principal, nos amistosos do meio do ano, em 1931. Imediatamente, ele conquistou a posição. Era titular absoluto, líder em campo, dono de um futebol limpo, seguro, leal. Ficou por longos 13 anos no Palestra, seu único clube em toda a vida, campeão paulista seis vezes (recorde), titular da Seleção Paulista, onde também conquistou vários títulos.

Bianco, no fim de uma bem-sucedida carreira: ele fez de Junqueira seu sucessor

Crédito: Arquivo pessoal de José Ezequiel

Junqueira (direita) recebe o bastão de Bianco (esquerda): sai um líder, entra outro

Crédito: Arquivo pessoal de José Ezequiel

HEITOR E ROMEU

No início de 1930, o Palestra trouxe outro garoto, de 19 anos, que fazia sucesso em Jundiaí e era de família toda palestrina. Seu nome é um ícone da história do clube: Romeu Pelliciari. O jovem Romeu chegou com tanta personalidade, que o técnico Humberto Cabelli resolveu colocá-lo como titular na mesma semana, justamente contra o Corinthians. Ele, então, marcou o primeiro dos mais de 100 gols que faria pelo Palestra, na goleada de 4 a 0 sobre o rival. Romeu e Heitor jogaram juntos por alguns meses e, no final do ano, Heitor, já com 33 anos, praticamente parou de jogar, após quinze anos de Palestra, e Romeu assumiu a dinastia.

Os jovens Romeu e Junqueira eram o símbolo da renovação, necessária, pois, com o profissionalismo adotado na Europa, os italianos vieram e levaram muitos craques, incluindo Ministrinho, Pepe e Serafini, que deixaram o Palestra na metade de 1931.

Heitor (direita) passa o cetro para Romeu Pelliciari (esquerda): uma dinastia de goleadores

Crédito: Arquivo pessoal de José Ezequiel

Romeu Pelliciari e a estreia perfeita: gol contra o maior rival

Crédito: Arquivo pessoal de José Ezequiel

RENOVAÇÃO E REVOLUÇÃO

Em 1932, os bastidores políticos do Palestra estavam em convulsão. Havia uma legião de jovens sócios que defendia fortes mudanças no clube, com muita ambição e determinação. Estes jovens respeitavam as lideranças que haviam fundado o Palestra e levado a tantas conquistas, mas queriam mais, muito mais. Em meio ao impasse político, apresentaram um nome novo, um jovem advogado, de apenas 24 anos, excepcional criminalista e já bastante conhecido na cidade pela atuação em casos de grande repercussão: Dante Delmanto. Era um idealista, ousado, determinado e não estava vinculado nem ao grupo dos Matarazzo nem ao da oposição, chamado Grupo Renovação, formado por vários empresários e empreendedores, como Scatamacchia, De Martino, Bonfiglioli, Amato e Galucci, entre outros.

Delmanto foi eleito em fevereiro de 1932 e iniciou profundas transformações no Palestra. Além de investir pesado no futebol e montar um verdadeiro esquadrão, foi no seu mandato que o patrimônio do Palestra se expandiu fortemente, seja no Estádio, com a construção das arquibancadas de concreto armado (as primeiras do Brasil), a instalação de alambrados (também algo inédito em estádios brasileiros), seja nas dependências para outros esportes, como a construção das quadras de tênis e de piscinas para natação.

Uma das medidas do pragmático e obstinado Delmanto foi abandonar o projeto do arquiteto Brasini, bonito, mas complicado de ser realizado, e determinar a construção de algo mais simples, porém rápido e efetivo. Havia a tribuna, onde ficavam os associados, e, do outro lado, Delmanto orientou a construção de uma arquibancada geral, simples, moderna e racional. As obras foram feitas em tempo recorde.

Em maio de 1932, começou o Campeonato Paulista. Dois meses depois, o Palestra contava com sete vitórias em sete jogos, quase todos por goleada, quando estourou a Revolução Constitucionalista de 1932. O futebol parou. Na verdade, tudo parou. O Estado de São Paulo entrou literalmente em guerra contra a ditadura de Vargas. Importante lembrar que, nas eleições de 1930, Júlio Prestes foi eleito presidente do Brasil, com 90% dos votos dos paulistas, e foi derrubado pelo golpe de Estado de Getúlio Vargas. Para piorar, Vargas passou os dois anos indicando interventores de fora do Estado para controlar e governar São Paulo. Em maio de 1932, ocorreu o estopim, quando, em meio aos protestos que se tornavam cada vez maiores, quatro jovens estudantes foram assassinados: Martins, Miragaia, Drausio e Camargo. Na verdade, foram cinco, incluindo Alvarenga, mas, no dia seguinte, foi criado o MMDC, movimento que organizou a revolução, que teve início em 9 de julho de 1932.

Traído por outros Estados que estavam comprometidos com a revolta constitucionalista (como o Rio Grande do Sul e o Mato Grosso), São Paulo acabou lutando sozinho contra as tropas federais. No início, ocorreu um enorme envolvimento civil. Milhares se alistaram e foram formados batalhões, enviados para as fronteiras do Estado, mas não havia acesso a armamentos e munições. A Faculdade de Engenharia (Politécnica), que mais tarde se uniria a outras instituições de ensino para fundar a USP, e o IPT ajudaram a fabricar armas rudimentares. A indústria apoiou de todas as formas. A população foi convocada a doar ouro para ajudar na mobilização.

O Palestra Italia foi à guerra. O clube também ajudou da forma possível, cedendo espaço e logística, doando taças e troféus para o Exército, formando batalhões de voluntários e até o presidente Dante Delmanto foi nomeado tenente do Exército Constitucionalista, mas não chegou a entrar em combate, que ficou restrito às fronteiras, em especial ao Vale do Paraíba, onde morreram de 600 a 800 paulistas em pouco mais de dois meses de conflito.

A revolução terminou em outubro, com o compromisso de Vargas de convocar uma Assembleia Nacional Constituinte, para a qual Dante Delmanto acabaria sendo eleito, como o deputado mais votado, em 1934, deixando a presidência do Palestra. Em 1937, quando ocorreu novo golpe de Estado, Delmanto acabou sendo cassado e passou o resto da vida dedicado a sua outra paixão, a advocacia criminal, tornando-se um dos maiores especialistas do Brasil nesta área em todos os tempos. Pelas contribuições e pelo exemplo de vida, Dante Delmanto acabou honrado com seu nome em viaduto em São Paulo e em muitas ruas no interior do Estado.

Palestra atende ao chamado da revolução: em 1932, o futebol dá um tempo

Crédito: Sociedade Veteranos MMDC

TRICAMPEONATO PAULISTA E RIO–SP

Em novembro, o campeonato foi retomado e o Palestra voltou com o mesmo ímpeto. Na verdade, voltou até melhor, vencendo todos e aplicando goleadas históricas, como o 8 a 0 no Santos na rodada final de 1932. Na preliminar desta partida, o segundo quadro do Palestra venceu o do Santos por 2 a 0, tornando-se hexacampeão da categoria.

Em 1933, o Palestra reforçou-se ainda mais, trazendo bons jogadores do Paraná, como o meia Gabardo (que dois anos depois seria vendido para o Milan), e, do interior de São Paulo, o Palestra trouxe Carnera, que se tornou o parceiro ideal de Junqueira, deixando a defesa ainda mais sólida.

Junto a todas as mudanças na política, o futebol também viveu sua revolução e o profissionalismo foi finalmente adotado por equipes de São Paulo e do Rio de Janeiro. Assim, as Federações tiveram a ideia de implantar um campeonato nacional de clubes profissionais, mas que, por questões de logística, acabou restrito a doze clubes: sete de São Paulo e cinco do Rio de Janeiro. Para otimizar os custos, decidiu-se que os jogos entre paulistas valeriam tanto para o Campeonato Estadual quanto para o Rio–SP, o mesmo fazendo as equipes cariocas.

Em 07 de maio de 1933, ocorreu a primeira partida profissional do Brasil, entre Palestra e Corinthians, valendo pelos dois campeonatos (Rio–SP e Paulista). O Palestra, campeão de 1932, venceu a preliminar por 3 a 1 e, no jogo principal, enfiou 5 a 1 no Corinthians, gols de Romeu (2), Gabardo (2) e Carazzo, outra jovem aquisição do Palestra.

Após a partida, em uma tradição da época, o dr. João Minervino ofereceu um jantar, prestigiado por todo o elenco principal e segundo quadro, além dos diretores do Palestra. A imprensa também era convidada para estes eventos. O dr. Delmanto também prestigiou o jantar, fazendo o discurso principal de homenagem aos jogadores.

Na semana seguinte, 14 de maio de 1933, o Palestra pegou o São Paulo e, mesmo desfalcado, venceu o rival por 3 a 1. O presidente Delmanto esteve nos vestiários, elogiando especialmente Pintanella e Garcia, que normalmente jogavam no segundo quadro, mas que, neste dia, compuseram

Esquadrão de 1933: futebol assume o profissionalismo e o Palestra segue na rotina de goleadas

Crédito: Arquivo pessoal de José Ezequiel

a equipe principal. O dr. João Minervino ofereceu outro jantar concorrido no Restaurante Correio, localizado na Avenida São João, restaurante de propriedade dos irmãos Bongiovanni.

Na terceira rodada, o adversário foi o Santos, com jogo na Vila Belmiro, e o Palestra atropelou mais um adversário, por 3 a 1. Assim, foram se sucedendo as vitórias, contra adversários paulistas e cariocas, dentro e fora de São Paulo. Para coroar o ano excepcional, em agosto, dias antes do aniversário de 21 anos da fundação, o novo Estádio foi inaugurado em 13 de agosto de 1933, contra a melhor equipe carioca do torneio, o Bangu, que seria campeão carioca daquele ano. Com mais de 25 mil torcedores, o mais moderno estádio de São Paulo foi inaugurado com a presença do prefeito Cap. Carlos Gomes e do cônsul da Itália, comendador Caetano Vecchiotti. O Palestra não decepcionou e venceu o Bangu por 6 a 0, gols de Gabardo (2), Avelino (2) e Romeu (2).

Os campeonatos seguiram, com o Palestra atropelando todos os adversários, até que, em 05 de novembro de 1933, o time enfrentaria novamente o Corinthians, que havia sido vencido na abertura do torneio por 5 a 1. A preliminar já deu o sinal de alerta, com o Palestra vencendo o Corinthians por 4 a 0. No jogo principal, Romeu (4), Imparato (3) e Gabardo entraram para a história com a maior goleada já aplicada sobre o rival, com incríveis 8 a 0.

O título de campeão viria uma semana depois, no dia 12 de novembro de 1933, com a vitória sobre o São Paulo. O ano foi tão maravilhoso, com o bicampeonato paulista e com a conquista do Rio–SP, que Dante Delmanto mandou reservar novamente o Salão do Germânia, para um luxuoso baile de comemoração das conquistas do futebol e de outros esportes, como o basquete, também campeão estadual.

No ano seguinte, 1934, Delmanto seguiu o modelo. Aproveitando que o Botafogo-RJ ainda lutava contra o profissionalismo, o Palestra trouxe os irmãos Aimoré e Zezé Moreira, e, da Argentina, a diretoria trouxe o médio Navajas. O resultado foi o tricampeonato paulista e mais uma coleção de vitórias históricas.

Do lado patrimonial, os investimentos continuaram e o Palestra ganhou mais de seis mil novos sócios em três anos. O basquete acompanhou o futebol, com supremacia no campeonato estadual, e o time acabou sendo convidado pela Federação Brasileira de Basquete para representar o Brasil no Campeonato Sul-Americano de 1934, em Buenos Aires.

O início de 1936 marcou a consolidação do tênis como um dos esportes mais tradicionais do clube, e o maior defensor das quadras era De Martino, que doou três contos de réis para a construção de um paredão e fez forte campanha de doação de outros industriais, que atenderam ao chamado e fizeram contribuições ainda maiores, viabilizando a construção das quadras.

O estádio também recebeu grandes benfeitorias: acabamentos, tribunas e, nos espaços inferiores, foram alocados departamentos, com destaque para a inauguração do Salão de Troféus, que recebeu o nome de "Salão Cavalheiro David Picchetti", em homenagem ao presidente no ano de 1920, em cuja diretoria foi comprado o Parque Antártica.

No futebol, a Federação criou uma nova fórmula, com o campeão do primeiro turno enfrentando o campeão do segundo turno, em uma finalíssima. A torcida gostou da novidade e lotou os estádios. O Palestra começou mal e o Corinthians venceu o primeiro turno, mas, no segundo turno, o Palestra voltou com força total, venceu de forma invicta e fez a final com o Corinthians, em melhor de três partidas. Venceu a primeira, empatou a segunda e tornou a vencer a terceira, sagrando-se campeão paulista. Foi o quarto título paulista em cinco anos de disputa.

Dois anos depois, em 1938, a Federação Paulista resolveu organizar um campeonato extra, para ocupar os clubes durante a Copa do Mundo realizada na Europa, o que foi um sucesso. As doze equipes foram distribuídas em três grupos, com turno e returno, semifinais e final, que reuniu novamente o Palestra e o Corinthians. A partida terminou empatada e, na sequência, foram disputadas duas prorrogações, de 25 minutos cada, que também terminaram empatadas. Assim, foi marcada nova partida para o dia 18 de setembro de 1938, que o Palestra venceu por 2 a 1, conquistando mais este título.

A GUERRA CONTRA O PALESTRA — 1940 A 1950

PACAEMBU

EM MEIO AO CAMPEONATO DE 1939, o Palestra começou a se reforçar, visando à temporada seguinte, com a contratação de Echevarrieta e outros reforços, e com o retorno do craque Lima, que chegou praticamente junto das notícias do início da II Guerra Mundial na Europa. Em janeiro de 1940, a diretoria trouxe um novo treinador, Caetano de Domenico, que ajustaria o time e venceria uma série de amistosos.

Festividades na inauguração do novo estádio: nova era do esporte brasileiro

Crédito: Arquivo pessoal de José Ezequiel

Enquanto isso, após dois anos de obras e enorme expectativa da população, em abril de 1940, a Prefeitura programou as festividades para inauguração do Estádio do Pacaembu, o maior e mais moderno da América Latina, anunciado com capacidade para 70 mil torcedores. Para a estreia do futebol, foi organizado um torneio com quatro clubes: Corinthians, Atlético-MG e Coritiba, campeões estaduais, e o Palestra Italia, como vice-campeão paulista de 1939. No dia 28 de abril, Palestra

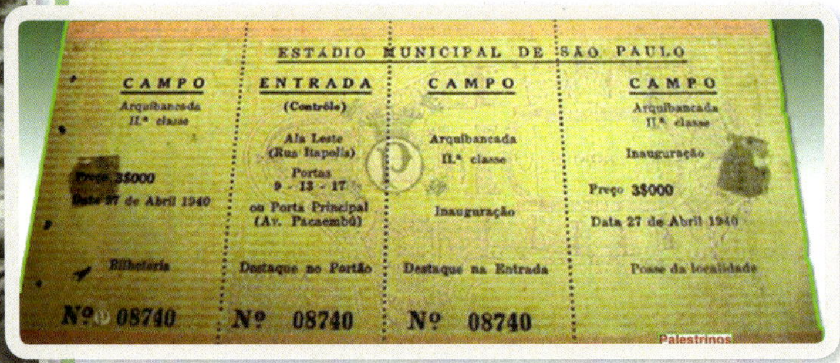

ESTADIO MUNICIPAL DE SÃO PAULO

CAMPO
Arquibancada
II.ª classe
Preço 3$000
Data 27 de Abril 1940
Bilheteria
Nº 08740

ENTRADA
(Contrôle)
Ala Leste
(Rua Itapolis)
Portas
9 - 13 - 17
ou Porta Principal
(Av. Pacaembú)
Destaque no Portão
Nº 08740

CAMPO
Arquibancada
II.ª classe
Inauguração
Destaque na Entrada
Nº 08740

CAMPO
Arquibancada
II.ª classe
Inauguração
Preço 3$000
Data 27 de Abril 1940
Posse da localidade

Palestrinos

Relíquia da inauguração: o ingresso para um jogo histórico

Crédito: Arquivo pessoal de José Ezequiel

Palestra inaugura o Pacaembu: 6 a 2 no Coritiba

Crédito: Arquivo pessoal de José Ezequiel

e Coritiba tornaram-se os primeiros times a entrar no gramado do Pacaembu. O Palestra atropelou o campeão paranaense por 6 a 2, para delírio da torcida. Na sequência, o Corinthians venceu o Atlético-MG, classificando-se para a final da Taça Cidade de São Paulo, a ser disputada no mesmo Pacaembu, no domingo seguinte, entre Palestra e Corinthians.

A enorme expectativa fez o Pacaembu lotar para ver seu primeiro campeão. O Palestra Italia dominou a partida e venceu o rival por 2 a 1, entrando mais uma vez para a história do estádio, como primeiro a disputar uma partida, primeiro a levantar uma taça e, ao longo da história, repetiríamos este gesto inúmeras vezes, sendo o Palestra o maior vencedor de campeonatos no Pacaembu ao longo de mais de sete décadas.

No final do mês de maio, começou o Campeonato Paulista de 1940, competição especial por ser a primeira com o novo estádio, e, após oito meses de disputa, foi justamente no Pacaembu lotado que ocorreu, no mês de dezembro, a partida final entre o Palestra Italia e o São Paulo, com mais uma conquista palestrina, vencendo de forma arrebatadora o adversário por 4 a 1.

A festa atenuou e distraiu um pouco a população, tensa com as notícias que chegavam diariamente sobre o acirramento da guerra na Europa. Em setembro, havia chegado a informação da entrada do Japão no conflito, formando o "Eixo" entre Berlim, Roma e Tóquio, ampliando a Segunda Guerra para outros continentes.

O Brasil ainda estava em posição bem indefinida nesta data. Contando com enorme população de imigrantes italianos, japoneses e alemães, o País flertava bastante com o fascismo, ainda mais depois que três navios mercantes brasileiros foram apreendidos pela marinha britânica, no mês de novembro, em diferentes lugares — na Europa, na Ásia e até mesmo na costa brasileira — gerando protestos e ameaças do governo de desapropriar empresas inglesas no Brasil, como indenização pelas mercadorias apreendidas.

Em 1941, o Palestra manteve sua política de buscar jovens talentos no interior e a palestrina Sorocaba era o local preferido. Local do nosso primeiro jogo, terra de vários jogadores e dirigentes, incluindo o então presidente do Palestra, Italo Adami. Foi justamente ele que ficou sabendo de um excepcional arqueiro do São Bento e o convidou para fazer testes no Palestra. Oberdan chegou junto de outros 14 goleiros para o teste, mas logo se destacou, jogou pelo segundo quadro e foi imediatamente contratado. Era o início de uma trajetória espetacular e a consolidação da fama do Palestra de formar grandes goleiros. Oberdan aperfeiçoou sua técnica com Gijo e dominou, por mais de uma década, o gol do Palestra, do Palmeiras e das Seleções Paulista e Brasileira, com dezenas de títulos conquistados.

Da várzea paulista, chegou outro ídolo genial da história do clube: Waldemar Fiúme. Ainda com 18 anos, estreou em vitória do Palestra e, por mais de 17 anos, esta seria sua rotina, em mais de 500 jogos, quatro campeonatos paulistas, Rio–SP, Mundial de 1951. Fiúme, o Pai da Bola, era um

Oberdan, a Muralha: o primeiro de uma dinastia que resulta no São Marcos

Crédito: Arquivo pessoal de José Ezequiel

Palestra campeão no torneio inaugural: clube que mais levantou taças no Pacaembu

Crédito: Arquivo pessoal de José Ezequiel

jogador de estilo clássico, cabeça erguida, atuando entre a linha média e a zaga, sempre liderando os companheiros. Apesar de forte e seguro marcador, era extremamente leal, admirado pelos adversários, raramente advertido pelos juízes. Sua dedicação e postura sempre correta terminou em justa homenagem, com a colocação de um busto nos jardins do Parque Antártica, ao lado de Junqueira.

Fora dos gramados, o ano de 1941 terminou de forma ainda mais tensa, pois, no início de dezembro, ocorreu o ataque japonês às ilhas e à base naval de Pearl Harbour, com mais de três mil mortos e toda a esquadra norte-americana destruída. Os EUA entraram na Guerra e, com eles, o Brasil também entraria.

Busto de Waldemar Fiúme: justa homenagem

Crédito: Arquivo pessoal de José Ezequiel

Waldemar Fiúme: o Pai da Bola

Crédito: Arquivo pessoal de José Ezequiel

UMA JORNADA ÉPICA, DE PALESTRA A PALMEIRAS

1942

No início de 1942, o DEOPS/SP (Departamento Estadual de Ordem Política e Social de São Paulo) enviou um ofício ao Palestra, informando que estavam proibidas reuniões sem o seu prévio conhecimento e expressa autorização, proibida a execução de rádios do exterior e reuniões externas, de qualquer natureza, e pediu a relação de dirigentes do clube. O Palestra enviou ofício, informando:

Presidente	Italo Adami	47 anos, Sorocaba-SP, industrial
1º Vice	Higino Pellegrini	41 anos, paulistano, comerciante
2º Vice	João Gianinni	36 anos, paulistano, industrial
3º Vice	Savério Mandetta	42 anos, Campo Grande-MS, funcionário federal
Secretário-Geral	Paschoal Giuliano	26 anos, paulistano, advogado
1º Secretário	Edmundo Scalla	35 anos, paulistano, médico
2º Secretário	Alduino Biagioni	47 anos, italiano, funcionário estadual
1º Tesoureiro	Leonardo Lotufo	37 anos, S. J. Boa Vista-SP, industrial
2º Tesoureiro	Roberto Lagorio	52 anos, italiano, comerciante
Ecônomo	Attilio Ricotti	41 anos, italiano, industrial
Dir. Esportivo	Caetano Marengo	61 anos, italiano, comerciante

No final do mês, o Brasil rompeu relações diplomáticas com a Itália, a Alemanha e o Japão, e o Palestra destituiu os quatro diretores de origem italiana, substituindo-os por brasileiros natos. A pressão foi grande. Em Minas Gerais, o "**Palestra Italia**" mudou o nome para "**Palestra de Minas Gerais**".

Em fevereiro, submarinos alemães atacaram navios mercantes brasileiros que estavam na costa dos EUA, levando matéria-prima para o esforço de guerra, e mais de 100 brasileiros morreram nestes naufrágios. A entrada do Brasil na guerra era iminente.

Por aqui, a Federação resolveu fazer um supercampeonato paulista e, para aumentar a audiência, criou o troféu "Campeoníssimo", na verdade, uma enorme estátua de bronze sobre um pedestal de mármore, a ser entregue ao vencedor de um torneio entre Palestra, Corinthians e São Paulo, considerando os jogos do Campeonato Paulista.

O Palestra reforçou o meio-campo com uma grande aquisição: Og Moreira, o Toscaninho. O carioca ganhou este apelido por ser um verdadeiro maestro no meio-campo. Após se destacar no América e na Seleção, acabou sendo contratado pelo Racing, da Argentina. Retornou ao Brasil e foi campeão pelo Fluminense, onde o Palestra foi buscá-lo para a temporada de 1942. Og se tornaria decisivo no histórico jogo da final contra o São Paulo.

O troféu de Campeoníssimo: o maior entre os maiores

Crédito: Arquivo pessoal de José Ezequiel

Fora do campo, mais alguns navios mercantes foram atacados e, no dia 11 de março de 1942, Vargas assinou Decreto-Lei, que tratava de indenizações, permitindo que bens e direitos de italianos, alemães e japoneses fossem confiscados como medida de compensação para indenização de ataques: Determinou ainda que parte dos depósitos em banco fossem confiscados preventivamente e as sociedades culturais e recreativas poderiam ser confiscadas.

Em várias cidades, ocorreram ataques e vandalismo a empresas, entidades e residências de italianos, alemães e japoneses. Algumas empresas foram encampadas, como as companhias aéreas alemã e italiana, Condor e Lati.

Na terça-feira seguinte ao decreto, reunião de diretoria determinou a mudança do nome do clube para "Palestra de São Paulo" (17 de março de 1942). Na prática, não mudou muita coisa. O uniforme continuou o mesmo e até os documentos internos continuaram utilizando impressos do estoque, com o nome Palestra Italia. O clube já havia enfrentado situação semelhante logo após a fundação e torcia por um desfecho rápido da guerra, mas, desta vez, a situação era bem diferente. Ao mesmo tempo em que o Brasil foi se alinhando com os EUA, novos ataques a navios mercantes brasileiros aconteceram, o que repercutiu nas grandes cidades, com pressão sobre os cidadãos de origem alemã, italiana e japonesa. O clube também passou a ser alvo de ameaças dos rivais, um deles em especial, pois, recém-fundado após falir em 1935, era um clube com excelente relacionamento com o poder e nenhum patrimônio: o São Paulo.

O campeonato começou em abril e São Paulo e Palestra dividiram as atenções. Após oito rodadas, os dois chegaram invictos ao primeiro confronto direto, pelo primeiro turno. As duas equipes tiveram sete vitórias e um empate cada, e o São Paulo ainda contava com o craque Leônidas, contratado a peso de ouro e que havia estreado dias antes. O resultado foi um recorde de renda e público. O Palestra abriu o placar com Cabeção e o São Paulo conseguiu o empate no finalzinho do primeiro tempo, com um gol de bicicleta marcado por Leônidas. Na segunda etapa, o Palestra chegou ao segundo gol com Romeu, aos 13 minutos, e depois administrou a vantagem até o final da partida, que terminou sem incidentes. O Palestra assumiu a liderança isolada do campeonato.

Palestra de São Paulo: durou pouco

Crédito: Arquivo pessoal de José Ezequiel

Quanto mais o Palestra vencia em campo, mais incomodava os rivais, que usavam todas as forças nos bastidores e na política. Foi assim que, no final de abril, o chefe de Polícia de São Paulo, sem qualquer fundamentação legal, emitiu um ofício, exigindo que o Palestra mudasse seu estatuto, nome e cores.

Em resposta, o Palestra de São Paulo emitiu uma longa resposta oficial ao chefe de Polícia, contando toda a sua trajetória, sua total integração com os paulistanos, sua contribuição para o esporte. Informou ainda que, naquele momento, era administrado completamente por brasileiros natos e que não entendia, portanto, o ofício e as mudanças solicitadas. A guerra, no entanto, acirrava ainda mais os ânimos, pois novos ataques e naufrágios foram registrados. Assim, no dia 27 de junho de 1942, poucos dias depois da vitória sobre o São Paulo, o Conselho Regional de Desportos do Estado de São Paulo assinou Decreto-Lei que obrigava todos os clubes que tivessem nomes estrangeiros a mudarem suas denominações.

Echevarrieta: pressão para expulsar o craque do Brasil

Crédito: Arquivo pessoal de José Ezequiel

Desta forma, o Germânia passou a ser Pinheiros; o Espanha, de Santos, Jabaquara; o São Paulo Railway mudou para Nacional; e até a Portuguesa de Esportes, que não precisava mudar nada, passou a se chamar Portuguesa de Desportos, se bem que ninguém viu muita diferença em tal alteração.

Mais ação de bastidores, no início do segundo turno, o Palestra recebeu um ofício, informando que o craque Echevarrieta, titular absoluto e artilheiro do time, não poderia mais atuar e deveria sair do País por situação irregular. Echevarrieta foi sacado do time e o Palestra passou semanas regularizando a situação do craque, que, na verdade, tinha autorização para permanecer, tinha filho brasileiro e apenas fazia uma renovação periódica do visto, que, desta vez, havia sido rejeitado sem qualquer motivo. A solução foi procurar autoridades do governo federal, que ficava no Rio de Janeiro. Foi justamente nestas idas e vindas, em que se aproveitou para entrar em contato com dirigentes de clubes cariocas em busca de apoio, que a solidariedade apareceu no Vasco da Gama. O presidente do clube carioca, coronel do Exército Otávio de Menezes Povoa, compreendeu as injustiças que estavam sendo cometidas e intercedeu junto a um colega de farda, o capitão Adalberto Mendes, amante dos esportes e que havia sido transferido para São Paulo. Ernani Jota, ex-jogador do Vasco que estava em São Paulo, conhecia o capitão Adalberto e fez a ponte junto a dirigentes do Palestra, que levaram o capitão para conhecer o clube. Ele acabou se tornando personagem emblemático na história do clube. Higino Pellegrini deu ao capitão o cargo de vice-presidente. "Foi o grande defensor do Palmeiras", segundo Válter Pellegrini, filho do ex-presidente Higino e um dos maiores historiadores do Palmeiras. "O Vasco, por meio do capitão Adalberto Mendes, foi nosso grande aliado."

Quanto a Echevarrieta, ao final de semanas buscando o governo federal, o Palestra conseguiu regularizar a situação do craque, que voltou justamente na final contra o São Paulo.

O auge das hostilidades ocorreu em meados de agosto, dias antes do aniversário do Palestra. O estopim veio de novos ataques a navios mercantes, muitas mortes. Milhares de pessoas protestaram em cidades por todo o País, exigindo a entrada do Brasil na Segunda Guerra e a retaliação contra súditos alemães, japoneses e italianos. Por fim, em 22 de agosto de 1942, Getúlio oficializou o **Estado de Beligerância** (dentro do rito, é a situação que precede à declaração de guerra) entre o Brasil e as nações agressoras. Dez dias depois, o Brasil entrou na Segunda Guerra.

Na véspera do aniversário do Palestra, o governo brasileiro confiscou novas empresas, como o "Banco Alemão Transatlântico" (atual Deutsche Bank), o "Banco Germânico da América do Sul" e o "Banco Francês e Italiano para a América do Sul (Sudameris)".

Era neste clima que chegávamos à grande partida entre Palestra e São Paulo, marcada para 20 de setembro de 1942 no Estádio do Pacaembu. Dias antes, o Palestra tinha anunciado que havia decidido doar a renda do jogo para as famílias dos marinheiros falecidos nos navios brasileiros torpedeados por submarinos do Eixo. A carta assinada por Walter B. Giuliano foi publicada no jornal O Estado de S. Paulo dois dias depois. No mesmo dia, a diretoria do São Paulo Futebol Clube expulsou todos os sócios de origem italiana.

No dia 13 de setembro de 1942, uma semana antes da rodada decisiva, o São Paulo venceu a Portuguesa por 4 a 1 e aguardava ansioso um tropeço do Palestra, que foi jogar no litoral contra a Portuguesa Santista. O Palestra, pressionado e com arbitragem bastante complicada, empatava a partida até os 44 minutos do segundo tempo, quando Romeu conseguiu com oportunismo marcar o gol. A vitória dramática só fez acirrar ainda mais os ânimos pela capital e a pressão se tornou insustentável. Os dirigentes do Palestra foram comunicados e a reunião de diretoria daquela segunda-feira, 14 de setembro de 1942, tornou-se especial e histórica. Ao longo de todo o dia, o clube foi alertado por autoridades, com pressões e ameaças ampliadas pelo estado de exceção que vivíamos.

Na ausência do então presidente Italo Adami e do 1º vice, o sr. Higino Pellegrini (pai do sr. Walter), presidiram a histórica reunião os srs. Leonardo Fernando Lotufo (2º vice) e cap. Adalberto Mendes (3º vice). As discussões foram longas e tensas e, se ainda havia dúvida sobre os riscos reais, um telefonema do diretor de Esportes de São Paulo, que dizia falar em nome das "Entidades Superiores", exigia a mudança do nome. Diversas sugestões foram feitas, mas venceu a de Mário Minervino: Palmeiras. Minervino lembrou que a Associação Athletica das Palmeiras sempre fora um adversário leal do Palestra, desde a sua entrada na APSA e, posteriormente, em todas as crises, o teve como aliado.

Todos acabaram concordando, mas não havia certeza sobre a situação jurídica da A. A. das Palmeiras e se o nome poderia ser utilizado livremente. Assim, dois diretores saíram da reunião e foram até a residência do sr. Olival Costa, ex-presidente do clube, que confirmou que todas as atividades da antiga A. A. das Palmeiras estavam encerradas. O Palestra poderia adotar o novo nome, inclusive com grande honra e orgulho dos antigos palmeirenses. Com o documento assinado, os diretores retornaram ao Palestra e firmaram a ata que oficializou a mudança de nome do clube para Sociedade Esportiva Palmeiras. Uma nota foi enviada para todos os jornais e autoridades e o Palestra, ops!, Palmeiras iniciou a terça-feira com um único objetivo: vencer o São Paulo, conquistar o Campeonato Paulista e o Troféu Campeoníssimo!

Na terça-feira logo cedo, Vicente Ragognetti e outros diretores foram até a casa do diretor De Martino, que estava com a saúde bastante debilitada havia meses, para informá-lo da mudança. É de De Martino o registro emocionado: *"O Palestra continua!! O Palestra não morreu!! O Palestra, cheio de glórias e de louros, aposentou-se invicto e o seu filhote, o Palmeiras, surge Campeão!!"*.

O clima de expectativa para a grande partida já era enorme e, para aumentar a tensão, em todas as noites a cidade vivia um exercício de blecaute. Das 20h às 22h, todas as luzes eram apagadas, das ruas e das casas, um treinamento para o caso de haver batalhas aéreas. Este clima de guerra também contaminava o clássico. A diretoria do São Paulo planejou o que seria a maior vaia jamais dirigida a um time adversário e, após expulsar todos os sócios de origem italiana, ainda pagou anúncio em jornal para anunciar que o filho do presidente Getúlio Vargas estaria, como sócio tricolor, presente nas arquibancadas.

Às 15 horas de um domingo de sol, uma multidão de são-paulinos, excitadíssima, aguardava a entrada não de seu time, mas do Palestra. Quando o adversário subiu as escadas do vestiário, rumo ao gramado, surpresa: duas filas de jogadores conduziam uma enorme bandeira brasileira, tendo à frente o capitão do Exército Adalberto Mendes, palestrino de carteirinha. A vaia planejada transformou-se em aplausos. Parte do mérito foi do treinador, Del Debbio, nas palavras do próprio capitão:

> Estávamos às vésperas de um jogo decisivo contra o São Paulo Futebol Clube, a equipe do dr. Paulo Machado de Carvalho. Boatos diziam que haveria um clima de muita hostilidade por parte da torcida para com nossos jogadores, que realmente estavam preocupados. Percebi isso e notei também que nosso treinador, Del Debbio, tinha em mãos uma bandeira brasileira. Eu sabia que a exibição do pavilhão nacional só era permitida em eventos internacionais, mas chamei a responsabilidade para mim e orientei nossos atletas a entrarem, ao meu lado, carregando-o e o exibindo à toda a torcida que superlotava o Estádio do Pacaembu. Após alguns segundos de surpresa por parte de todos, fomos muito aplaudidos e nenhum ato hostil nos foi desferido.

O Brasil vai à Segunda Guerra: a mais longa noite palestrina termina na alvorada palmeirense, com a ata de mudança de nome

Crédito: Arquivo pessoal de José Ezequiel

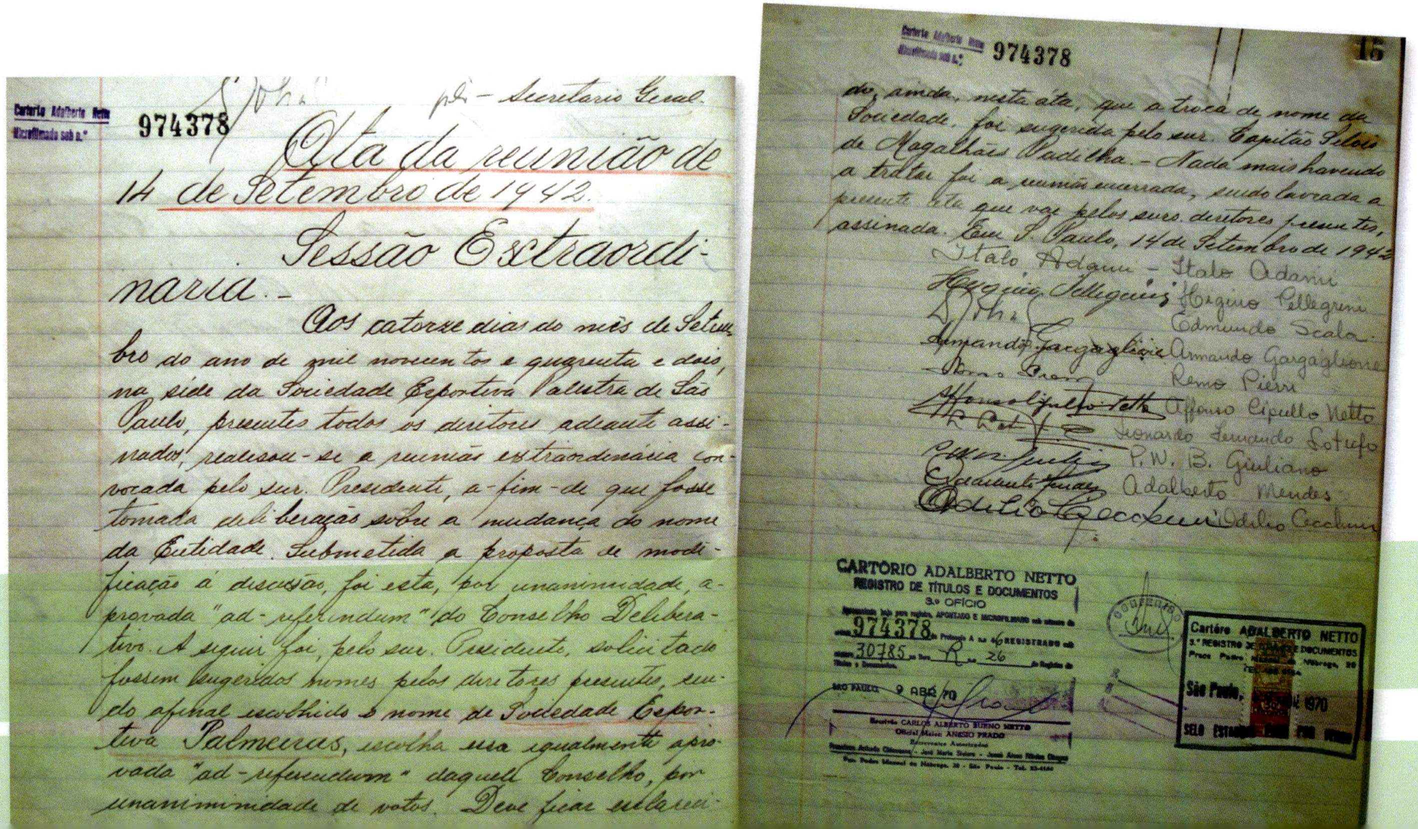

Cartório Adalberto Netto Microfilmado sob n.º 974378

p/ - Secretário Geral.

Ata da reunião de 14 de Setembro de 1942.

Sessão Extraordinária.-

Aos catorze dias do mês de Setembro do ano de mil novecentos e quarenta e dois, na sede da Sociedade Esportiva Palestra de São Paulo, presentes todos os diretores adeante assinados, realizou-se a reunião extraordinária convocada pelo snr. Presidente, a-fim-de que fosse tomada deliberação sobre a mudança do nome da Entidade. Submetida a proposta de modificação á discussão, foi esta, por unanimidade, aprovada "ad-referendum" do Conselho Deliberativo. A seguir foi, pelo snr. Presidente, solicitado fossem sugeridos nomes pelos diretores presentes, sendo afinal escolhido o nome de Sociedade Esportiva Palmeiras, escolha essa igualmente aprovada "ad-referendum" daquele Conselho, por unanimidade de votos. Deve ficar esclarecido, ainda, nesta ata, que a troca de nome da Sociedade foi sugerida pelo snr. Capitão [illegible] de Magalhães Padilha.- Nada mais havendo a tratar foi a reunião encerrada, sendo lavrada a presente ata que vae pelos snrs. diretores presentes assinada. Em S. Paulo, 14 de Setembro de 1942

Italo Adami - Italo Adami
Higino Pellegrini
Edmundo Scala.
Armando Gargaglione
Remo Pieri
Affonso Cipullo Netto
Leonardo Lenando Sotufo
P. W. B. Giuliano
Adalberto Mendes
Odilio Cecchini

CARTÓRIO ADALBERTO NETTO
REGISTRO DE TÍTULOS E DOCUMENTOS
3.º OFÍCIO
974378
30785
São Paulo, 9 ABR 70

Como previsto, a partida começou muito nervosa e equilibrada. Aos 19 minutos, o ponteiro Cláudio abriu o placar para o Palmeiras. O São Paulo reagiu e, minutos depois, empatou a partida com Waldemar de Brito, mas, no final do primeiro tempo, Del Nero chutou, a bola resvalou em Virgílio, que fez o gol contra, 2 a 1 para o Palmeiras. O segundo tempo começou nervoso, embolado, até que justamente ele, Echevarrieta, que teve a situação regularizada na véspera, entrou pela esquerda e arrematou para fazer o terceiro gol do Palmeiras. Com Luizinho e Leônidas perdidos em campo, o Palmeiras trocava passes e, num lance rápido, Og Moreira foi lançado e, quando entrava sozinho na área, sofreu um carrinho grosseiro pelas costas, feito por Virgílio (o mesmo do gol contra). O juiz marcou o pênalti. Virgílio, transtornado, reclamou acintosamente, xingou o árbitro e acabou expulso. O que aconteceu na sequência o jornalista Ruy Mesquita, herdeiro do Grupo O Estado de S. Paulo, então com 17 anos, lembrou, anos depois, em depoimento:

> Então, nós fizemos cartazes dizendo: "Quinta coluna vai pra cadeia" e fomos para o jogo. Mas o Palmeiras começou ganhando. Marcou um gol. Quando marcou o segundo, a diretoria do São Paulo, então com o Paulo de Carvalho, combinou fazer uma cena para o time escapar da vergonha. O zagueiro Virgílio foi encarregado de cometer um pênalti escandaloso no segundo tempo. Assim foi e, quando o juiz apitou, houve uma briga tremenda em campo. O São Paulo disse que o juiz tinha roubado e nós nos retiramos do campo. Naquela semana, o Palestra Italia passou a chamar-se Palmeiras. Mas foi uma vergonha para nós, são-paulinos. Eu nunca me perdoei após esse vexame. Mesmo quando o time teve suas páginas brilhantes, gloriosas, no futuro.

Na pena do artista: time admirado

Crédito: Arquivo pessoal de José Ezequiel

Uma faixa nas arquibancadas estendida pela torcida dizia tudo: "Morreu o líder e nasceu o Campeão".

O Palmeiras venceu, começou uma nova era, mas os vencidos em campo trabalharam nos bastidores. O capitão Adalberto Mendes foi um dos alvos:

> Após a nossa "Arrancada Heroica", fui vítima de muitas mentiras. Diziam que eu era um "Quinta Coluna", como também eram chamados os simpatizantes do nazifascismo. Por causa destes problemas, fui transferido, logo depois, pelo Comando Militar para o Rio de Janeiro, em seguida para Recife e, somente quando dei baixa, já depois de 1949, pude retornar a São Paulo.

Palmeiras X **São Paulo**

Palmeiras

Oberdan
Junqueira
Begliomini
Zezé Procópio
Og Moreira
Del Nero; Cláudio
Waldemar Fiúme
Villadoniga
Lima
Echevarrieta

Técnico

Del Debbio

São Paulo

Doutor
Piolim
Virgílio
Lola
Noronha
Silva
Luizinho
Valdemar de Brito
Leônidas
Remo
Pardal

Arrancada heroica: Palmeiras vence dentro e fora de campo

Crédito: Arquivo pessoal de José Ezequiel

Time campeão: heróis depois da entrada triunfal

Crédito: Arquivo pessoal de José Ezequiel

MAIS DOIS CAMPEONATOS PAULISTAS

Dois anos depois, o Palmeiras teria o rival novamente na disputa do título. Enquanto a guerra na Europa vivia seus momentos decisivos, com a Itália livre do fascismo se unindo pelo final do conflito e a invasão da Normandia ocorrendo com sucesso, o Palmeiras seguia vencendo seus adversários em campo e sofrendo com os bastidores. Na reta final do torneio, uma semana antes do seu "Dia D", que seria o jogo contra o São Paulo, o Palmeiras goleou o Juventus por 6 a 3, mas, no meio da semana, surgiu a informação de que a Federação Paulista havia resolvido suspender o meia Dacunto, um dos cérebros do time, por uma advertência durante a partida, não vista por nenhum jogador, nem pelo próprio. Houve muita discussão, protestos, mas a Federação não recuou e o Palmeiras se viu obrigado a jogar desfalcado no jogo decisivo.

Logo surgiu nas ruas uma canção, "**Com Dacunto ou sem Dacunto, eu ganho**", parodiando uma marchinha de carnaval da época. Para o lugar de Dacunto, o técnico Bianco improvisou Waldemar Fiúme na posição e este se tornou um dos melhores em campo. O Palmeiras venceu por 3 x 1 e arrancou para o título. A torcida palmeirense entoou a marchinha, só que um pouco modificada: "**Com Dacunto ou sem Dacunto, o São Paulo é defunto**".

1944: COM DACUNTO OU SEM DACUNTO VEM O 10.o TÍTULO!

Campeão de 1944: não adiantou o golpe sujo

Crédito: Arquivo pessoal de José Ezequiel

Gonzales, Dacunto e Viladoni: a força do cone sul num gigante brasileiro

Crédito: Arquivo pessoal de José Ezequiel

Depois, foi só confirmar a vitória nas duas rodadas seguintes, conquistando mais um campeonato paulista, em 1944, sobre o rival.

Em 1947, o Palmeiras montou um novo esquadrão, que, de cara, venceu as oito primeiras rodadas, incluindo os quatro grandes rivais. No segundo turno, um único tropeço, superado com folga pelas seguidas vitórias que trouxeram mais um título paulista para o Palmeiras.

AMISTOSOS E DI STÉFANO COM A CAMISA DO PALMEIRAS

O final da década foi marcado por alguns jogos amistosos importantes para a nossa história. No início de 1947, o Palmeiras foi convidado para um longo torneio no Uruguai, onde enfrentou Boca, Peñarol, River e Nacional. Em janeiro do ano seguinte, 1948, Boca e River retribuíram, visitando a capital paulista com jogos memoráveis e um fato histórico e inusitado. Ao final de vários amistosos, a Federação Paulista agendou um amistoso entre a sua seleção, um combinado de Palmeiras, Corinthians e São Paulo, contra um combinado argentino, no caso, uma mistura dos elencos do River e do Boca. O problema foi o uniforme. Os jogadores do Boca se recusaram a vestir a camisa do River e vice-versa. Ao final, a solução que eles encontraram foi pegar um (belo) uniforme do Palmeiras e vestir a "Seleção Argentina" com a farda palestrina para o amistoso histórico.

No meio de 1948, a cidade recebeu o fantástico time da Torino, base da seleção italiana, que fez o Pacaembu lotar a cada exibição. Meses depois, já em 1949, o elenco da Torino sucumbiria em tragédia aérea, uma das mais sentidas na história do futebol, comovendo todo o mundo, na véspera do Mundial de 1950. Meio milhão de italianos compareceram ao funeral e, nas quatro rodadas finais, a Torino colocou juvenis, pois todo o time principal faleceu no desastre. Todos os demais times da Liga, em respeito à Torino, também colocaram juvenis e a Torino conquistou seu quinto campeonato italiano, cercada de homenagens do mundo todo. O desastre afetou até mesmo a seleção italiana na Copa de 1950, que, além de desfalcada, viajou de navio, traumatizada pelo acidente no ano anterior.

Em 1949, foi a vez do Arsenal da Inglaterra visitar o Brasil. O jogo contra o Palmeiras, no Pacaembu, bateu todos os recordes de arrecadação até então. No mesmo ano, ainda vieram o campeão austríaco, com vitória do Palmeiras por 2 a 0, o campeão sueco, com vitória do Palmeiras por 5 a 0, e, no final do ano, o Barcelona convidou o Palmeiras para um amistoso na Espanha, dentro das festividades dos 50 anos de fundação do clube catalão, e o Palmeiras arrancou um empate em 2 a 2, causando ótima impressão entre os europeus. Era o cartão de visitas para a festa de 1951.

Boca e River vestem a camisa do Palmeiras: paz entre rivais

Crédito: Arquivo pessoal de José Ezequiel

Ficha Técnica

Jogo: Seleção Paulista 1 x 1 Seleção Boca-River

Data: 21 de janeiro de 1948

Local: Estádio do Pacaembu (SP)

Árbitro: Artur Janeiro

Público/Renda: Não disponível / CR$ 461.130,00

Seleção Paulista: Oberdan; Caieira (Renganeschi), Noronha (Turcão), Rui, Zezé Procópio, Waldemar Fiúme, Cláudio, Pinho, Yeso, Servílio (Canhotinho) e Teixeirinha (Remo).

Combinado Boca-River: Diano (Carizzo); Maranti, Dezorzi, Yacono, Nestor Rossi (Castelar), Ramos, Boye, Moreno (Corquera), Di Stéfano (Sarlanga), Labruna (Lostau) e Pin (que vestiram a camisa do Palmeiras).

Gols: Pin, aos 42, e Servílio, aos 44 minutos do primeiro tempo.

AS CINCO COROAS E CAMPEÃO DO MUNDO — 1950 A 1960

EM MEADOS DE 1949, o Palmeiras começou a montagem de um dos melhores times de sua história. O time já contava com alguns bons jogadores e os destaques eram Oberdan, Waldemar Fiúme e Lima. O primeiro a chegar foi Jair da Rosa Pinto, craque já bastante experiente, um meia que, ora ficava na armação, ora caía pela direita do campo, exímio batedor de faltas, dono de um chute poderosíssimo, mas o principal era sua forte personalidade, liderança e garra. Era ídolo no Flamengo até que entrou em atrito com a mídia carioca e torcedores, pedindo então para ser negociado. Assim, o craque Jair chegou ao Palmeiras, na véspera da Copa de 1950, da qual foi titular e carregou o trauma da derrota para o Uruguai.

Na sequência, por indicação do próprio Jair, o Palmeiras foi buscar o ponta esquerda Rodrigues, que era ídolo e artilheiro no Fluminense. As duas contratações já tornavam o Palmeiras uma potência no ataque, mas ainda viriam mais reforços. No final de 1949, chegaram o garoto Achiles, de 20 anos, dono de um excelente toque de bola, para atuar no meio-campo, e, das categorias de base, foi promovido o excelente zagueiro Salvador, também com 20 anos de idade.

1ª COROA — CAMPEÃO DA TAÇA CIDADE DE SP/1950

Duas semanas após o Brasil perder de forma trágica a Copa do Mundo de 1950, o futebol tentava retomar sua rotina, ainda em meio à enorme ressaca, e, como de costume, a abertura da temporada era feita com a disputa da Taça Cidade de São Paulo. No primeiro jogo, o Palmeiras venceu a Portuguesa, que tinha um belíssimo time, por 3 a 2. O Palmeiras saiu na frente com um golaço de Jair, mas a Portuguesa empatou logo em seguida. No segundo tempo, a cena se repetiu. Jair colocou o time na frente novamente com um golaço e, na sequência, a Portuguesa empatou. A vitória chegou no final da partida, com um gol do garoto Achiles.

A GAZETA Esportiva

DOMINGO PROXIMO O TORNEIO INICIO

São Paulo — Segunda-feira, 7 de Agosto de 1950

Solução... salomonica

O Palmeiras venceu a Taça e o São Paulo permaneceu invicto

De 2 a 0 pró alvi-verde ao empate de 2 a 2, provocado pelo tricolor – O Palmeiras merecia a vitoria final, pois foi o clube que mais lutou para conquista-la – Futebol é jogo de noventa minutos – Turcão (penal), Jair, Bovio e Dido, os marcadores, na ordem – Predominio do Clube do Parque Antarctica em 60 minutos do prelio – Boa atuação de Mario Viana e renda de Cr$ 450.411,00

Imprensa destaca início da jornada campeã

Crédito: Arquivo pessoal de José Ezequiel

Na semana seguinte, houve o jogo que decidiria o título, contra o São Paulo, e o Palmeiras precisava apenas do empate. Mesmo desfalcado de Waldemar Fiúme e do ponta Rodrigues, o Palmeiras saiu na frente com Turcão, marcando de pênalti, aos 22 minutos. No segundo tempo, o Palmeiras ampliou com Jair, sempre ele, aos 22 da segunda etapa, e o São Paulo diminuiu no minuto seguinte. O Palmeiras administrou bem a partida e nem o gol de Dido para o São Paulo, no finalzinho do jogo, atrapalhou a comemoração do primeiro título da nova geração do Palmeiras. Era o primeiro de muitos.

Gol de pênalti na final da Taça Cidade de São Paulo: time irresistível

Crédito: Arquivo pessoal de José Ezequiel

2ª COROA — CAMPEÃO PAULISTA/1950

Duas semanas depois da primeira conquista, começou o Campeonato Paulista de 1950, tardiamente por causa da Copa do Mundo, que monopolizou as atenções no primeiro semestre. O time do Palmeiras já era muito bom, mas a Diretoria foi além. Segurou todos os craques e ainda reforçou o esquadrão, trazendo o experiente centro-médio Luis Villa, do Estudiantes de La Plata. Villa deu enorme consistência à linha média do Palmeiras, jogando ao lado do Pai da Bola, Waldemar Fiúme. Os dois cobriam a zaga e liberavam Jair para armar os ataques, onde os velozes Brandãozinho e Rodrigues infernizavam as zagas adversárias.

Até meados do segundo turno, Palmeiras e São Paulo dominavam a tabela, empatados em primeiro, mas uma sequência de tropeços do Palmeiras quase colocou tudo a perder. O resultado foi que, faltando três rodadas, o São Paulo, bicampeão, abriu uma vantagem que parecia irreversível, mas acabou tropeçando no Ypiranga e no Santos, perdendo ambas as partidas, e devolveu ao Palmeiras o favoritismo no jogo decisivo, pois jogaria pelo empate.

O domingo amanheceu chuvoso e o acúmulo de vários dias de chuva havia deixado o gramado do Pacaembu em péssimo estado, com várias poças. Isto não afugentou a torcida, que, mais uma vez, lotou o estádio. A promessa era de um jogo arrastado, travado no meio-campo, mas logo aos três minutos o São Paulo abriu o placar, com Teixeirinha. Era tudo o que precisavam para chegar ao tri. O Palmeiras sentiu o golpe e não fez um bom primeiro tempo, que terminou com este resultado. Foi aí que entrou a figura de Jair da Rosa Pinto. Polêmico, de forte personalidade, diante de alguns tropeços nas rodadas anteriores, Jair havia discutido com o treinador e quase foi sacado do time. Na véspera, o treinador confirmou sua presença, que se tornou decisiva.

A Gazeta Esportiva

Rendas:

PALMEIRAS

CAMPEÃO PAULISTA de 1950!

S.E. PALMEIRAS DE 1950

Campeão paulista: quem segura o Palmeiras?

Crédito: Arquivo pessoal de José Ezequiel

No intervalo, Jair desceu muito irritado para os vestiários, já discutindo com jornalistas, e chegou chutando tudo. Aos berros, chamou os companheiros para a guerra, lembrou de todo o sacrifício que haviam feito para chegar até ali, da raiva dos adversários, e chamou todos para um sacrifício final: mais 45 minutos de muita garra e luta. Ficou eternizada a imagem de Jair no vestiário, chamando todos para o combate final. Ele ainda profetizou. Diante do gramado todo enlameado, cheio de poças, impedindo o toque bonito, pediu que qualquer um que recuperasse a bola passasse para ele: "Passem para mim, que eu vou fazer os lançamentos para o ataque". Assim foi feito. O time voltou ligado, marcando em todos os espaços e eis que, aos 16 minutos, uma bola recuperada caiu nos pés de Jair, que deu um de seus passes magistrais. A bola parou na poça, já dentro da área do São Paulo, e o garoto Achiles entrou com tudo, fulminando as redes do adversário. Foi o gol do título, era tudo o que o Palmeiras precisava. Com o gramado péssimo, o jogo virou um lamaçal travado no meio campo até o apito final. Em entrevista anos depois, Jair lembrou: "Eu fiz toda a jogada do gol. Dei um lançamento de uns 50 metros para o Achiles e ele marcou o gol do título." Jair nunca foi humilde, mas era um gênio!! Quase rebelde, como alguns outros que marcariam nossa história.

A lama do Pacaembu não impediu a vitória: time guerreiro

Crédito: Arquivo pessoal de José Ezequiel

3ª COROA — CAMPEÃO DO RIO–SP/1951

Como vimos, o Palmeiras vinha dominando o cenário, com dois títulos seguidos, mas a diretoria queria mais. Diante do convite para disputar o Torneio Mundial de Clubes, no meio do ano, também conhecido como Copa Rio, a diretoria continuou investindo no elenco. Logo depois da conquista do Paulista, contratou o atacante Liminha, de 21 anos, destaque no campeonato, e a seguir reforçou os demais setores, com outro jovem destaque de 22 anos, o volante Dema, e um experiente zagueiro, titular da Seleção Brasileira, Juvenal, que atuava pelo Flamengo. Estava montada uma verdadeira seleção de craques e o laboratório para esta equipe foi o Torneio Rio–São Paulo. Na rodada de abertura, já começou vencendo o São Paulo por 2 a 0, gols de Jair e Achiles, novamente. Na segunda rodada, 7 a 1 no Flamengo, com quatro gols do garoto Liminha.

Dois meses depois, colecionando algumas goleadas, o Palmeiras chegou à final do torneio para enfrentar o velho rival, Corinthians. Vitória nos dois jogos: 3 a 2 no primeiro e 3 a 1 no segundo. Teve show de Jair, briga e expulsão do nosso argentino, Luis Villa, que foi pra cima do ponteiro Cláudio, do rival, também expulso. A seleção de craques do Palmeiras conquistava sua terceira coroa em menos de um ano, jogando com Oberdan; Salvador e Palante; Valdemar Fiúme, Luis Villa e Dema; Lima, Achiles, Liminha, Jair da Rosa Pinto e Rodrigues Tatu.

A GAZETA Esportiva

São Paulo — Quinta-feira, 12 de abril de 1951

AO PALMEIRAS, o titulo de Campeão!

A maxima gloria para o alvi-verde, depois de conquistar a taça "Cidade de São Paulo" e o Campeonato Paulista de 50!

O que foram os 3 a 1 decisivos

Campeão de São Paulo e do Rio: orgulho nacional

Crédito: Arquivo pessoal de José Ezequiel

A comemoração no Pacaembu: terceira coroa de um ano incrível

Crédito: Arquivo pessoal de José Ezequiel

4ª COROA — CAMPEÃO DA TAÇA CIDADE DE S.PAULO/1951

Bicampeão da Taça Cidade de São Paulo: rotina de títulos

Crédito: Arquivo pessoal de José Ezequiel

O jovem Achiles fulmina a rede adversária: só resta o mundial

Crédito: Arquivo pessoal de José Ezequiel

Terminado mais um torneio, foi agendada a tradicional Taça Cidade de São Paulo, com Palmeiras, Santos e São Paulo. O Palmeiras, cada vez melhor, goleou o Santos por 6 a 2, com todo o ataque se revezando na artilharia: Jair, Lima, Liminha, Achiles e Rodrigues. Na semana seguinte, foi a final contra o São Paulo, mais uma vez. Pacaembu lotado e, enquanto os mais experientes seguravam o meio campo, com Fiúme, Villadoniga e Jair, o ataque dos garotos resolvia. Achiles marcou duas vezes e Liminha deixou o seu, fazendo 3 a 2 no freguês, garantindo a quarta coroa em nove meses (!!).

A GAZETA Esportiva

Arsenal x S. Paulo

ANO XXII | Preço: 1 cruzeiro

QUARTO TITULO CONSECUTIVO:

Palmeiras, bicampeão da «Taça Cidade de São Paulo»!

3 a 2 para o alvi-verde num segundo tempo de notavel recuperação, após uma fase inicial por vezes brilhante do tricolor – Aquiles (2), Liminha, Alcino e Augusto, os marcadores – Arbitragem de Caetano Bovino e renda de —— Cr$ 621.630,00 ——

5ª COROA — CAMPEÃO MUNDIAL

Finalmente, chegou a tão sonhada disputa, o Mundial de Clubes, já que no Brasil não havia adversários para o poderoso Palmeiras. Os convidados pela FIFA foram: Vasco da Gama, Olympique de Nice/França, Sporting de Lisboa/Portugal, Nacional de Montevidéu/Uruguai, Áustria de Viena, Estrela Vermelha de Belgrado/Iugoslávia e Juventus de Turim/Itália.

Na véspera da estreia, o jornal A Gazeta Esportiva dava o tom: "Chegou a hora do Brasil ganhar" — a importância da vitória para apagar a frustração de 16/7/1950. O Brasil ainda curtia a ressaca do mundial e a síndrome de vira-lata. Afinal, nossa seleção nunca havia ganhado nada, nem Mundial, nem Olimpíada, e ainda não havia Libertadores ou outro torneio de relevância mundial; portanto, o povo brasileiro ainda vivia a incerteza de ser realmente o País do Futebol, de ser capaz de enfrentar os grandes clubes e seleções europeias. Muitos acreditavam que não, mas o Palmeiras estreou bem, com uma vitória segura sobre o Olympique no Pacaembu, que recebeu um grande público.

Gazeta Esportiva destaca: Palmeiras campeão mundial!

Crédito: Arquivo pessoal de José Ezequiel

Liminha entra com a bola no gol italiano: falta pouco

Crédito: Arquivo pessoal de José Ezequiel

A GAZETA Esportiva

PALMEIRAS! PALMEIRAS! PALMEIRAS!

São Paulo — Segunda-feira, 23 de julho de 1951

PALMEIRAS campeão do mundo!

Emocionante desenrolar do embate entre o Palmeiras e o Juventus, em que pontificou a superioridade dos brasileiros, muito embora o resultado final acusasse empate de dois tentos – Praest, Rodrigues, Boniperti e Liminha, os marcadores, pela ordem – Desesperaram-se os italianos – Agredido Liminha ao empatar a peleja – Renda: Cr$ 2.783.190.00

TAÇA RIO

Homenagem de A GAZETA ESPORTIVA

O PIGARRO JAMAIS VOLTOU!

AZIAS- DISPEPSIAS, GASTRITES

Palmeiras dá a volta olímpica e o Brasil solta o grito: "somos campeões mundiais!"

Crédito: Arquivo pessoal de José Ezequiel

Na segunda rodada, mais um momento de afirmação e o Palmeiras venceu o Estrela Vermelha por 2 a 1, com gols de Achiles e Liminha. Então, veio o fatídico jogo contra a poderosíssima Juventus de Turim, base da seleção italiana. Em pleno Pacaembu, o Palmeiras, desfalcado do ótimo zagueiro Salvador e do médio Luiz Villa, sucumbiu por 4 a 0 diante dos italianos.

Felizmente, classificavam-se duas equipes de cada grupo e, assim, apesar da derrota, o Palmeiras estava classificado para a semifinal. Havia, porém, se complicado, pois pegaria o melhor da outra chave, justamente o Vasco, base da seleção brasileira, jogando diante de sua torcida e querendo resgatar o orgulho brasileiro. Do lado do Palmeiras, a reação partiu mais uma vez dele, Jair da Rosa Pinto, que, anos depois, declarou:

> Após a derrota para a Juventus por 4 a 0, nosso time parecia morto. Precisei gritar muito com todos para lembrar que éramos fortes e que poderíamos reverter a situação. Afinal, estávamos classificados. Também disse ao nosso treinador que três jogadores estavam muito aquém do que podiam render: Oberdan, Túlio e Lima eram ídolos da torcida, atletas com um passado glorioso, mas viviam uma má fase. Por isso, exigi que o Cambon fizesse alterações na equipe, que, graças a Deus, deram certo.

Não sabemos se foi por pressão do Jair, mas o fato é que, no primeiro jogo contra o Vasco, os três saíram. Luiz Villa retornou para o lugar de Túlio e o garoto Richard entrou no lugar de Lima. Quanto a Oberdan, o técnico Cambon estava determinado a tirá-lo, mas havia uma dúvida. Semanas antes de começar o Mundial, o Palmeiras negociou o goleiro reserva Lourenço, em uma troca com o goleiro revelação do interior, o jovem Inocêncio. Em tese, ele seria o primeiro reserva de Oberdan, mas, pouco antes do início do jogo contra o Vasco, o jovem Inocêncio sentiu-se mal e, no seu lugar, entrou Fábio Crippa, outro garoto, então com 22 anos, que nunca havia jogado no time principal. A ousadia fez bem e não só o garoto Fábio fechou o gol, como os garotos do ataque também se destacaram. Aos 24 minutos da primeira etapa, o jovem Richard, de 19 anos, abriu o placar para o Palmeiras, que foi para o vestiário com a vantagem. No segundo tempo, um susto. Logo no primeiro minuto, o Vasco empatou, mas Jair e os mais experientes seguraram o jogo até que, aos 37 do segundo tempo, Liminha fez o segundo, garantindo a vitória para o Palmeiras. Desta forma, o Palmeiras foi para o segundo jogo precisando de um empate, exatamente o resultado que colocou o Palmeiras na final do Mundial, com nova atuação de gala do arqueiro Fábio.

Se, na semifinal, a maior parte da torcida carioca já havia torcido para o Palmeiras, em função da rivalidade com o Vasco, na quarta-feira, diante da Juventus, o Rio de Janeiro inteiro adotou o Palmeiras. Os experientes Jair e Rodrigues, que haviam saído de Flamengo e Fluminense um ano antes, estavam bem-acostumados com o clima. Era hora de aproveitar e dar o troco nos italianos. O jogo foi bem amarrado, disputado, quase violento, mas a tranquilidade veio quando Rodrigues abriu o placar aos 20 da primeira etapa. O resto do jogo foi com a Juventus se lançando ao ataque e o Palmeiras revidando com contra-ataques rápidos e perigosos. Ao final, ficou no 1 a 0 mesmo e o Palmeiras levou a vantagem do empate para o jogo final, domingo, em um Maracanã lotado. Já não era mais Palmeiras e Juventus. Era Brasil e Itália e os brasileiros queriam comemorar e gritar "campeão mundial!" pela primeira vez.

Foi assim que, no dia 22 de julho de 1951, o Palmeiras entrou no gramado do Maracanã, com Fábio, Salvador e Juvenal; Túlio, Luis Villa e Dema; Lima, Ponce de Leon (Canhotinho), Liminha, Jair e Rodrigues, dirigidos por Ventura Cambon, para enfrentar a Juventus de Viola; Bertuccelli e Manete; Mari, Parola, e Bizzoto; Muccinelli, Karl Hansen, Bonipert, Johan Hansen e Praest. Gols: Praest, Rodrigues, Bonipert e Liminha. Depois de 90 minutos, saíram de campo para entrar para a história, como a primeira equipe campeã mundial, com entrega de troféu realizada pela FIFA, organizadora do torneio.

Revista saúda os heróis vingadores: grito estava entalado na garganta desde 1950

Crédito: Arquivo pessoal de José Ezequiel

Jair da Rosa Pinto, o cérebro do time: a coroa na cabeça de um rei

Crédito: Arquivo pessoal de José Ezequiel

O troféu mais cobiçado: o primeiro mundial de clubes

Crédito: Arquivo pessoal de José Ezequiel

O jogo começou tenso e os italianos abriram o placar, levando a vantagem para a segunda etapa, mas novamente o Palmeiras voltou com raça e determinação, marcando o campo todo. Logo de saída, Rodrigues Tatu deixou sua marca tradicional, um canhão, empatando o jogo, mas parecíamos reviver o fracasso da seleção, pois, aos 18 minutos da etapa final, a Juventus silenciou o Maracanã, 2 a 1, com Boniperti. O drama permaneceu até os 32, quando o garoto Liminha, sempre ele, empatou o jogo para o Palmeiras, entrando com bola e tudo no gol de Viola. O Palmeiras administrou o resultado e, ao final, o Maracanã e o Brasil todo explodiram em alegria. Todos podiam gritar "Brasil Campeão Mundial de Futebol!!!".

Perplexos, os jogadores comemoraram por vários dias e a volta de trem foi ainda mais especial. Em cada cidade, o prefeito mandava o trem parar para fazer festa e tirar foto com os campeões. A demora aumentou ainda mais a expectativa na cidade de São Paulo e uma multidão, calculada em mais de 200 mil pessoas, foi receber a equipe na estação, com desfile em carro aberto pelas ruas da cidade. Todos os jornais e veículos de mídia divulgavam o Palmeiras e o Brasil como campeões mundiais de futebol. Esta era a mais importante coroa de um time que conquistou cinco títulos importantes em menos de um ano.

A jornada de 1950/51 valeu por uma década, mas o Palmeiras continuou encantando nos gramados, com jogadores de muita técnica, como José João Altafini, o Mazzola. Em 1958, ele disputou a Copa do Mundo na Suécia e fez o primeiro gol da seleção. Seu talento chamou a atenção dos italianos e, logo depois do mundial, foi para o Milan e, mais tarde, para a seleção italiana. Nunca rompeu os laços com o Palmeiras. Embora ainda resida na Itália, sua família continua associada ao clube e Mazzola, sempre que vem ao Brasil, vai ao estádio para relembrar os bons momentos no clube e reafirmar seu amor pelo Palmeiras, onde, para ele, tudo começou.

Imagem histórica: o time que foi de todas as torcidas brasileiras

Crédito: Arquivo pessoal de José Ezequiel

José João Altafini, o Mazzola: internacional

Crédito: Arquivo pessoal de José Ezequiel

PALMEIRAS SUPERCAMPEÃO, A ACADEMIA É O BRASIL — 1960 A 1970

MAZZOLA E O SUPERTIME DE 1959

TUDO COMEÇOU COM IDILIO GIANETTI, um empresário italiano de Piracicaba, terra de palestrinos. Gianetti era sócio de uma empresa de ônibus, gostava muito de futebol e era palmeirense fanático. Certo dia, ele levou dois garotos que se destacavam nos juvenis do Estrela Dalva, time local, para treinar no Palmeiras: um era Milton Buzetto, o outro, um garoto conhecido como Cuíca, jovem atacante de 15 anos. Cuíca e Buzetto conseguiram se firmar nos juvenis do Palmeiras e, nas horas vagas, ainda treinavam no time de basquete do clube. Cuíca era mais talentoso e logo se destacou, marcando muitos gols e mostrando uma habilidade fora do comum. Pela semelhança com um antigo craque do Torino, falecido no desastre aéreo de 1948, os mais velhos o apelidaram de Mazzola.

O jovem Mazzola estreou pelo Palmeiras ainda com 17 anos e não saiu mais do time titular. Em 1958, quando ainda discutiam se Pelé deveria ou não ira à Copa, o jovem Mazzola já era uma certeza. Aos 20 anos, o garoto chegou à Copa da Suécia como titular, cobiçado por vários clubes europeus, em especial os italianos. Marcou dois gols e, ao final da competição, foi vendido para o Milan por 24,5 milhões de cruzeiros, uma fortuna para a época.

Com o dinheiro, o Palmeiras começou a montar um esquadrão, mesclando jovens promessas com outros jogadores consagrados. Foi assim que, logo depois da Copa, chegou o excelente volante Zequinha, então com 20 anos, jovem promessa do Santa Cruz. Zequinha ficaria uma década no Palmeiras, conquistando inúmeros títulos, e seria convocado para a Seleção Brasileira que conquistou o Mundial de 1962. Outro jovem craque foi o meia Chinesinho, que veio do Sul e caiu nas graças da torcida, tornando-se ídolo até ser vendido para a Itália, em 1962. Com eles e outras jovens promessas, chegaram jogadores experientes, como o goleiro Valdir Joaquim de Moraes, de 27 anos de idade, campeão pelo Renner; o artilheiro Romeiro, que estava no América carioca; e principalmente o craque Julinho Botelho, que retornou da Fiorentina para liderar o ataque palmeirense. No ano seguinte, o Palmeiras ainda trouxe o lateral Djalma Santos, craque da Seleção Brasileira.

Djalma Santos é recebido por Oswaldo Brandão: lá vem a Academia

Crédito: Arquivo pessoal de José Ezequiel

Julinho vence Gilmar: rival na fila

Crédito: Arquivo pessoal de José Ezequiel

A torcida correspondeu e, logo no primeiro derby contra o Corinthians, em agosto de 1958, o Pacaembu lotou. Julinho fez estragos na defesa corintiana, partiu pra cima do lateral Oreco, driblou, cruzou para o gol do centroavante Paulinho. Final: Palmeiras 4 a 0 e, pela primeira vez, a torcida invadiu o campo sem ser uma final, para carregar os jogadores. Era uma época de grandes tabus e o Palmeiras vinha de uma longa sequência de jogos sem vitória sobre o rival.

Em 1959, houve renovação dentro e fora do campo. Até o uniforme mudou, com o escudo sendo bordado por completo na camisa (até então, era apenas um P dentro do círculo). Na diretoria, também houve grande renovação com a eleição de Delfino Facchina. O então jovem Oswaldo Brandão dirigia o time e ainda fazia um bom garimpo pelos clubes do interior, indicando potenciais jogadores. Foi assim que chegou o atacante Romeiro, vindo do América.

Na abertura do campeonato, o Palmeiras começou goleando, com 6 a 0 sobre o Guarani. Depois, foi fazendo uma bela campanha, rivalizando com o Santos, campeão paulista do ano anterior, que tinha como destaque ninguém menos do que Pelé, campeão do mundo em 1958. No final do primeiro turno, as duas equipes se enfrentaram na Vila Belmiro e o Santos levou a melhor. Veio o segundo turno e continuaram os dois como protagonistas, até que, já perto do final, em novembro, o Palmeiras teve a chance de dar o troco, jogando desta vez no Palestra Italia.

O estádio lotou e o Palmeiras veio a campo muito concentrado, querendo vingar a derrota do primeiro turno, para reconquistar a liderança. O Santos também queria a vitória, que praticamente lhe garantiria o bicampeonato paulista. Aos 14 minutos, Américo abriu o placar para o Palmeiras e, aos 23, Julinho ampliou. O resultado parecia dar tranquilidade, mas, logo a seguir, Pelé diminuiu para o Santos, 2 a 1. O Palmeiras, empurrado pela torcida, continuou atuando de forma muito ofensiva e, no final do primeiro tempo, marcou mais dois gols. Romeiro e Julinho ampliaram para 4 a 1. O Santos desceu atordoado para o intervalo e voltou segurando a partida para não sofrer ainda mais gols, deixando apenas Pelé no ataque. O Palmeiras administrou o resultado e, aos 22, ainda ampliou para 5 a 1.

Com o troco, as duas equipes seguiram na primeira posição até a última rodada, empatando em pontos. O regulamento previa uma disputa de jogos entre as duas equipes para decidir o campeão, transformando as finais no "supercampeonato", nome dado pela mídia em função da grande qualidade e expectativa. Afinal, além de duas belas equipes, cada uma havia goleado a outra no turno e returno.

O primeiro jogo ocorreu logo após a virada de ano, em 05 de janeiro de 1960, e, aos 22 minutos, Pelé abriu o placar. Zequinha empatou para o Palmeiras pouco depois. Parecia que teríamos uma chuva de gols, mas não foi o que aconteceu. O jogo ficou travado no meio campo e terminou no 1 a 1, resultado que não agradou a torcida, que achava ter havido marmelada para forçar uma terceira partida.

Dois dias depois, Palmeiras e Santos voltaram ao Pacaembu, agora com menos público (era certeza a necessidade do terceiro jogo). Aos 44 minutos, cobrando um pênalti, Pepe abriu a contagem. No segundo tempo, logo aos dois minutos, Romeiro empatou e, aos três, Chinezinho fez 2 a 1 para o Palmeiras. Aos 40 minutos, novo pênalti contra o Palmeiras e novo gol de Pepe. Fim de jogo e mais um empate, que deixava os dois clubes em igualdade de condições para decidir o campeonato na terceira partida.

Finalmente, no domingo, 10 de janeiro de 1960, agora com o Pacaembu superlotado, a mídia do Brasil inteiro, cobrindo o tira-teima, viu o Santos sair na frente novamente e outra vez com Pelé, logo aos 12 minutos. O Palmeiras, porém, era muito forte e reagiu, forçando pelas pontas. No final do primeiro tempo, uma bola rebatida em chute de Romeiro sobrou para Julinho empatar a partida. As duas equipes já haviam terminado o campeonato empatadas em pontos; depois, dois jogos completos com novo empate; e o primeiro tempo da finalíssima também terminava empatado. O intervalo foi tenso para as duas torcidas e, na retomada dos 45 minutos finais, logo aos três minutos, o Palmeiras teve uma falta a seu favor, na entrada da área. Enquanto o goleiro Laércio orientava a barreira,

Escudo do Palmeiras: capricho até no bordado

Crédito: Arquivo pessoal de José Ezequiel

Supercampeão paulista: melhor de três contra o Santos de Pelé

Crédito: Arquivo pessoal de José Ezequiel

Romeiro ajeitava a bola, mãos na cintura, medindo a distância. O Pacaembu quase podia ouvir a sua respiração diante do silêncio no estádio. O impacto da chuteira na bola soou forte e esta subiu e desceu numa curva suficientemente ardilosa para tornar inútil o salto de Laércio. O Pacaembu explodiu em festa, Palmeiras 2 a 1, e a emoção só foi aumentando nos minutos finais. O Palmeiras ainda colocou mais duas bolas na trave do Santos, mas o drama foi mantido até o apito do juiz. Palmeiras era o supercampeão paulista de 1959, em final épica, que transformou 11 craques em heróis.

Pouco depois da conquista, o Palmeiras ampliou a qualidade do elenco e repatriou o craque Humberto Tozzi, que assumiu o comando do ataque. Foi justamente ele quem decidiu a semifinal da Taça Brasil 1960, contra o Fluminense, campeão carioca. Palmeiras 1 a 0 e vaga na final, para enfrentar o Fortaleza, que veio invicto. O Palmeiras venceu tanto o jogo de ida, no Ceará, por 3 a 1, como o jogo da volta, no Pacaembu, por 8 a 2. Era o primeiro título nacional do Palmeiras.

No ano seguinte, o Palmeiras disputou a Libertadores, chegou até a final, mas ficou com o vice-campeonato. No mês seguinte, a diretoria mostrou sua determinação e foco no futebol e repatriou o centroavante Vavá, que estava no Atlético de Madrid. Campeão do Mundo em 1958 pela Seleção, Vavá era disputado por vários clubes, mas o Palmeiras conseguiu atrair o atacante com a promessa de alto salário e elenco vencedor. Além dos consagrados jogadores, a diretoria também tratava com carinho o futuro do Palmeiras. Venceu mais uma disputa no mercado e atraiu um jovem atleta do

A comemoração do título no Pacaembu: década de 1960 promete...

Crédito: Arquivo pessoal de José Ezequiel

O Palmeiras de Julinho Botelho e Delfino Facchina: mestres, um dentro e outro fora de campo

Crédito: Arquivo pessoal de José Ezequiel

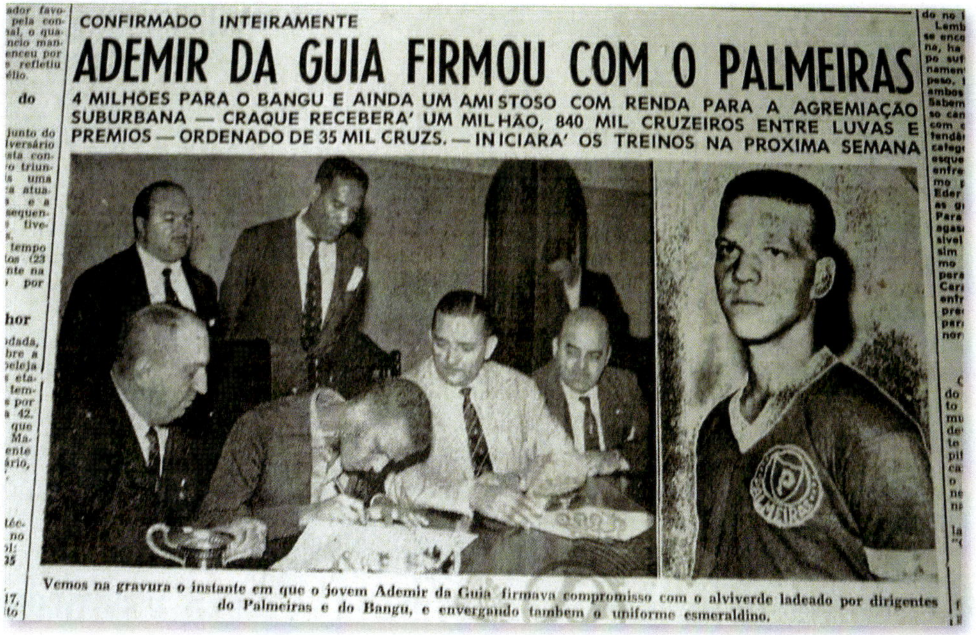

CONFIRMADO INTEIRAMENTE

ADEMIR DA GUIA FIRMOU COM O PALMEIRAS

4 MILHÕES PARA O BANGU E AINDA UM AMISTOSO COM RENDA PARA A AGREMIAÇÃO SUBURBANA — CRAQUE RECEBERÁ UM MILHÃO, 840 MIL CRUZEIROS ENTRE LUVAS E PREMIOS — ORDENADO DE 35 MIL CRUZS. — INICIARÁ OS TREINOS NA PROXIMA SEMANA

Vemos na gravura o instante em que o jovem Ademir da Guia firmava compromisso com o alviverde ladeado por dirigentes do Palmeiras e do Bangu, e envergando tambem o uniforme esmeraldino.

Palmeiras vai buscar um jovem talento do Bangu: Divino

Crédito: Arquivo pessoal de José Ezequiel

Bangu, já destacado pela imprensa. Ademir da Guia veio para ser preparado e, apesar da boa experiência, foi sendo colocado bem aos poucos, até que, no final da Copa de 1962, Chinesinho foi vendido para a Itália, onde faria carreira atuando pela Juventus e outras equipes. Ademir ganhou a posição e, em 1963, era titular absoluto.

No final de 1962, o Palmeiras trouxe uma série de reforços, como Ferrari e Paulo Leão, do Guarani; Djalma Dias e Nelo, do América carioca; Tarcisio, do Comercial de Ribeirão Preto; Picasso, do Grêmio; e Tupãzinho, do Guarani de Bagé.

Ferruccio Sandoli com a Taça Florença: dirigente que fazia as escolhas certas

Crédito: Arquivo pessoal de José Ezequiel

Palmeiras campeão paulista de 1963: atropelando os adversários, inclusive o Santos de Pelé

Crédito: Arquivo pessoal de José Ezequiel

O resultado do investimento começou a aparecer em junho, quando o Palmeiras foi convidado para disputar o Torneio da Cidade de Florença, com o Botafogo de Garrincha, Internazionale de Milão e a Fiorentina. Conquistou de forma invicta, trazendo o belo troféu para o Palestra Italia.

No segundo semestre, o Palmeiras dominou completamente o campeonato Paulista de 1963 e a torcida chegava sempre duas horas antes, para ver a preliminar, os aspirantes, que também foram campeões naquele ano. Na reta final, o Palmeiras atropelou Santos, Corinthians e São Paulo, sagrando-se campeão paulista de 1963.

A PRIMEIRA ACADEMIA

O time já era muito bom, mas a diretoria estava sempre atenta aos bons negócios e reforçava ainda mais o time. Em 31 de março de 1964, enquanto os militares se preparavam para tomar o poder em Brasília, chegava ao Palmeiras o atacante Rinaldo, vindo do Náutico. Da Ferroviária de Araraquara, vinha Olegário Tolói de Oliveira, o Dudu. Seriedade, disciplina tática, raça e determinação são alguns adjetivos que marcaram a carreira de Dudu, um volante moderníssimo para a época, mas ele foi mais do que isso. Dudu atuava como meia na Ferroviária e em qualquer outro clube da época, tirando Palmeiras e Santos. Ele provavelmente teria feito carreira como armador, mas, no Palmeiras, havia Ademir da Guia e os dois se ajustaram, se completaram. No início, Dudu jogava um pouco mais recuado e os dois se revezavam durante a partida nas funções de marcação e armação. Com o passar do tempo, Dudu foi se fixando na cabeça de área e Ademir, na armação. Era a espinha dorsal da Academia que se formava.

Fora de campo, o clube social também viveu grandes transformações e o estádio completou mais uma gigantesca reforma, com a construção do jardim suspenso. O Palmeiras, mais uma vez, era pioneiro e inovador. Para separar a torcida do campo, havia duas formas, o alambrado ou, então, a construção de fossos, mas o Palmeiras inovou. Uma enorme reforma foi feita e o gramado inteiro foi erguido, com aproveitamento da parte inferior para vestiários e departamentos de apoio. Além do jardim suspenso, ainda foram reformadas as cabines, tribuna de honra, cativas, banheiros, bares. Enfim, um estádio completamente novo foi inaugurado no dia 7 de setembro de 1964, com vitória por 2 a 0 sobre a Esportiva de Guaratinguetá.

Parque Antártica: jardim suspenso

Crédito: Arquivo pessoal de José Ezequiel

Nos esportes amadores, o clube também vivia uma fase especial. O basquete conquistou o Supercampeonato Estadual masculino, vencendo o Sírio na final; o Futsal também conquistou títulos municipais e estaduais; e a patinação viu surgir os "Periquitos em Revista", que conquistariam vários prêmios internacionais e reconhecimento até da Unesco.

O ano de 1965 começou com uma série de amistosos e o argentino Filpo Nuñez, que havia chegado no final do ano anterior, aproveitou muito bem o tempo para organizar o time, definindo os titulares e o esquema de jogo. Basicamente, uma defesa muito sólida, com Valdir, Djalma Santos, Djalma Dias, Geral Scotto e Valdemar Carabina, com Dudu à frente, organizando as subidas, e Ademir, municiando um ataque rápido e mortal com Gildo, Servílio, Tupãzinho e Rinaldo. Estava formada a Academia.

Já em janeiro, nos primeiros amistosos, a equipe fez uma excursão pelo sul do País e encantou os gaúchos, goleando o Internacional, em Porto Alegre, por 5 a 0, com uma belíssima exibição do Ademir da Guia. A equipe acabou sendo convidada ao Palácio do Governo, recebida pelo governador do Estado, um colorado fanático, que ficou fascinado pelo futebol da equipe, em especial por Ademir da Guia.

Elenco do Palmeiras: a primeira academia

Crédito: Arquivo pessoal de José Ezequiel

RIO–SP 1965

Na sequência, a equipe disputou o Rio–São Paulo, torneio mais importante do País naqueles dias. A primeira fase mostrou um Palmeiras imbatível, que vencia e convencia, arrancando aplausos por onde passava. Foi ao Rio de Janeiro três vezes, goleando Vasco por 4 a 1, Flamengo por 4 a 1 e Botafogo por 5 a 3. Em casa, bateu Fluminense, América, São Paulo e, de quebra, ainda humilhou o Santos (que estava com equipe mista) por 7 a 1. Veio a fase final e o clube, surpreendentemente, tropeçou diante do Flamengo logo na estreia, por 2 a 1, mas a recuperação foi fantástica. A equipe retomou a sequência de vitórias, foi ao Rio mais duas vezes e atropelou Vasco, por 3 a 2, e Fluminense, por 3 a 1. No total, a equipe foi cinco vezes ao Maracanã e venceu todos os jogos, marcando dezenove gols em cinco jogos, encantando a crônica e o público cariocas.

A coroação veio no dia 19 de maio, no Pacaembu lotado. O Palmeiras, liderando com sete pontos, e o São Paulo, vice, com seis. As duas equipes fariam o clássico decisivo na penúltima rodada do torneio. O Palmeiras humilhou o São Paulo por 5 a 0 e praticamente garantiu o título naquele jogo.

Na última rodada, em jogo de faixas, o Palmeiras goleou o Botafogo, de Manga, Gerson, Garrincha e Jairzinho, por 3 a 0.

Servílio, de cabeça: Palmeiras 5 x 0 São Paulo

Crédito: Arquivo pessoal de José Ezequiel

IV CENTENÁRIO DO RIO DE JANEIRO

Após a excepcional campanha no Rio–São Paulo, e pelo belo futebol praticado, o Palmeiras passou a receber uma série de convites para torneios amistosos, no Brasil e no exterior. Um dos convites foi da Federação Carioca para um torneio quadrangular em comemoração ao IV Centenário da Cidade do Rio de Janeiro. Foram selecionados o Fluminense (campeão carioca), o Palmeiras (campeão do Rio–São Paulo), a Seleção Paraguaia (que se preparava para as eliminatórias da Copa de 1966) e o Peñarol, campeão uruguaio, base da seleção do país, com Mazurkiewicz, Forlán, Spencer e Pedro Rocha, que havia eliminado o Santos na Libertadores.

A semifinal foi disputada no Maracanã, em rodada dupla. O Peñarol bateu facilmente o Fluminense por 3 a 1. À torcida carioca, restou torcer para o Palmeiras e este não decepcionou. Goleou a seleção paraguaia por 5 a 2.

Dois dias depois, Palmeiras e Peñarol retornaram ao Maracanã para a final do torneio, o tira-teima de quem seria a melhor equipe do continente naquele momento. Após um jogo duro e disputado, com atuações soberbas de Valdir e Mazurkiewicz, o jogo terminou empatado sem gols, indo a decisão para os penais. Detalhe: na época, a disputa de penais era diferente. Cada equipe indicava um único batedor. Este batia três pênaltis seguidos e, depois, o adversário fazia suas três cobranças. O Peñarol indicou Pedro Rocha para as cobranças, ele mesmo, um dos maiores craques da história do Uruguai, e o Palmeiras indicou Rinaldo, o batedor oficial. Pedro Rocha bateu o primeiro e Valdir pegou. Bateu o segundo e Valdir pegou novamente. Na terceira cobrança, certamente pressionado pela eficiência do Valdir, Pedro Rocha cobrou na trave e, desta, a bola foi para fora. Rinaldo, diante do melhor goleiro do mundo, bateu como sempre e converteu logo o primeiro, garantindo a taça para o Palmeiras.

12 de Julho de 1965 — A GAZETA ESPORTIVA — O MAIS COMPLETO JORNAL ESPORTIVO DO BRASIL

PENAL DECIDIU JÔGO QUE TERMINOU 0 x 0

PALMEIRAS É O CAMPEÃO DO CENTENÁRIO CARIOCA

"Proeza" inédita no futebol: Peñarol perdeu 3 penais (Valdir defendeu 2) — Rinaldo acertou o primeiro "tiro de rigor" e o esmeraldino venceu

Palmeiras conquista mais um título: Rei do Rio

Crédito: Arquivo pessoal de José Ezequiel

PALMEIRAS É BRASIL

Foi neste cenário que a CBD tomou a decisão de convidar a Sociedade Esportiva Palmeiras, a Academia de Futebol, para representá-la no jogo de inauguração do Mineirão, diante da seleção titular do Uruguai.

Detalhe: A CBD somente voltou a conceder esta honra a uma equipe, em duas oportunidades: em vista do sucesso do Palmeiras nesta tarde, dois meses depois, em novembro do mesmo ano, a CBD convidou o Corinthians para representá-la, desta vez não contra uma seleção, mas um time, o Arsenal. O Corinthians (Seleção Brasileira), porém, acabou perdendo a partida por 2 a 0. Em 1968, o Atlético-MG teve a última oportunidade e venceu a Iugoslávia, no Mineirão, por 3 a 2. Nunca mais houve convite oficial.

Observação: Há ainda outras duas ocasiões erroneamente identificadas como tendo a Seleção sido representada por um clube, mas, na verdade, não foi isso que aconteceu:

- Em 1968, no jogo Brasil 4 x 1 Argentina, no Maracanã, alguns dizem que o Botafogo (RJ) representou a Seleção, mas, na realidade, o Brasil contou também com Félix, do Fluminense, Brito, Nado e Ney, do Vasco, e Murilo, do Flamengo.

- Nas Olimpíadas de 1984, em Los Angeles, alguns dizem que o Internacional (RS) representou a Seleção, mas, na realidade, o Brasil contou também com Ronaldo, do Corinthians, Gilmar Popoca, do Flamengo, Chicão, da Ponte Preta, e Davi, do Santos.

BRASIL (Palmeiras) x URUGUAI

O Uruguai acabava de obter a classificação para o Mundial de 1966, de forma invicta, e apresentava craques como Manicera (que depois desfilou sua técnica no Flamengo) e Cincunegui (que faria história no Atlético-MG), além de Varela, Douksas, Esparrago...

O Palmeiras vinha de sucessivas vitórias e tinha acumulado uma invencibilidade de onze jogos. A equipe estava completa e em plena forma, mas, na última hora, o craque mais experiente, Julinho, sentiu uma contusão e chegou a pedir para o técnico Filpo Nuñes deixá-lo em São Paulo. Filpo insistiu para Julinho viajar com a equipe, mas preparou Germano para substituir o grande craque. Germano era um ponteiro revelado pelo Flamengo, que foi jogar na Itália e na França e havia sido repatriado pelo Palmeiras.

Já no vestiário, Julinho, ao perceber a importância daquele momento, o estádio lotado, o Palmeiras representando a Seleção, não permitiu que Filpo escalasse Germano e informou ao treinador que jogaria aquela partida nem que fosse com uma perna só.

O Palmeiras entrou em campo com Valdir Joaquim de Moraes no gol, Djalma Santos (que completaria 92 jogos pela Seleção justamente nesta partida) na lateral direita, Djalma Dias e Waldemar Carabina compondo a zaga e Ferrari na lateral esquerda (no lugar do titular Geraldo Scotto).

O meio com Dudu e Ademir, municiando Julinho pela direita, Rinaldo pela esquerda e Tupãzinho e Servílio no ataque. No banco, Picasso, Procópio, Santo, Zequinha, Germano, Ademar Pantera, Dario e Gildo. Uma verdadeira Seleção Brasileira. Waldemar Carabina foi designado o capitão do time para esta partida.

No banco, Don Filpo Nuñes, o "bandaleon", argentino de nascimento e palmeirense e paulistano por opção, se tonaria, naquela tarde, o único treinador estrangeiro a dirigir a Seleção Brasileira. Uma honra que ele soube valorizar, respeitar e reconhecer até o fim de sua vida.

Desde o começo, o Palmeiras (Seleção Brasileira) se mostrou superior. Aos dois minutos, Servílio, de cabeça, quase abriu o placar. Aos seis, Rinaldo avançou e chutou com força rente ao gol do Uruguai. Aos dez, Tupãzinho e Servílio fizeram linda tabela. Foi, porém, somente aos 27 minutos, que, num ataque do craque Julinho, este driblou o marcador, avançou e cruzou para a área, mas o zagueiro Cincunegui cortou o cruzamento com o braço, cometendo pênalti. Rinaldo, o batedor oficial, foi lá e fez 1 a 0 para o Brasil. Pouco depois, aos 30 minutos, houve novo pênalti de Cincunegui, desta vez sobre Rinaldo, que entrava com tudo pela esquerda e foi derrubado, mas o juiz não assinalou. Aos 34, o mesmo Rinaldo desceu pela esquerda e cruzou rasteiro. Tupãzinho dividiu com o zagueiro e, na sobra, encheu o pé, sem chances para Taibo: 2 a 0. O Mineirão inteiro aplaudia e se encantava com a Academia. No final do primeiro tempo, Ademir da Guia também foi derrubado dentro da área, em novo pênalti não marcado pelo árbitro.

No intervalo, o Palmeiras fez as alterações previstas: Picasso no lugar de Valdir, Procópio no lugar de Waldemar Carabina, Zequinha no de Dudu, Germano no de Julinho e Ademar Pantera no lugar de Tupãzinho. Mesmo com cinco substituições, o Palmeiras voltou tão forte quanto na primeira etapa e continuou dominando a partida. Aos 18, Dario entrou no lugar de Rinaldo e, após muitas chances perdidas, aos 29 minutos, Germano marcou um golaço para alegria da torcida brasileira.

Ficha Técnica

Jogo: Brasil [Palmeiras] 3 x 0 Uruguai

Data: 07/09/1965

Local: Estádio Magalhães Pinto, em Belo Horizonte (MG)

Brasil [Palmeiras]: Valdir de Moraes (Picasso); Djalma Santos, Djalma Dias e Ferrari; Dudu (Zequinha) e Valdemar (Procópio); Julinho (Germano), Servílio, Tupãzinho (Ademar Pantera), Ademir da Guia e Rinaldo (Dario).

Uruguai: Taibo (Fogni); Cincunegui (Brito), Manciera e Caetano; Nuñes (Lorda) e Varela; Franco, Silva (Vingile), Salva, Dorksas e Espárrago (Morales).

Árbitro: Eunápio de Queiroz

Gols: Rinaldo aos 27 e Tupãzinho aos 35 minutos do primeiro tempo. Germano aos 29 da etapa final.

Renda: Cr$ 49.163.125,00

Público: aproximadamente 80.000 pagantes

Observação: Havia uma taça em disputa, mas, ao final da partida, o Palmeiras, entendendo que o troféu pertencia de direito à CBD, pois era apenas o representante, deixou o mesmo com a comissão organizadora e retornou a São Paulo. Vinte e três anos depois, em 1988, descobriu-se que o troféu continuava no Mineirão, pois a CBD também não o havia levado. Assim, ficou decidido pelas partes que o Palmeiras deveria honrosamente ficar com o mesmo. O troféu faz hoje parte do acervo de mais de cinco mil taças e troféus da Sociedade Esportiva Palmeiras.

A GAZETA ESPORTIVA a jato nas Alterosas

EDIÇÃO ESGOTADA EM POUCOS MINUTOS

Prá seu gôsto: Seven-Up

gelomatic

A Gazeta Esportiva

"PERIQUITO" DEU UMA DE "CANARINHO"

URUGUAI CAIU NO "MINAS"

Palmeiras é Brasil na inauguração do Mineirão: azar dos uruguaios

Crédito: Arquivo pessoal de José Ezequiel

A ACADEMIA ACUMULA TÍTULOS

César é trazido do Rio: faltava um maluco genial para incendiar a torcida

Crédito: Arquivo pessoal de José Ezequiel

Sempre mantendo a política de reforçar o time, mesmo com as conquistas, o Palmeiras se reforçou em 1966, com a vinda de César Augusto da Silva Lemos, carioca de 21 anos, que já se destacava no Flamengo. Trocado por Ademar Pantera, César veio abalar as estruturas da Academia, que era um time técnico, forte e vencedor, mas faltava o calor para contagiar a torcida e até nisto a diretoria foi perfeita. Entre outras coisas, César improvisou e criou uma nova forma de comemorar os gols, correndo e subindo no alambrado do Pacaembu. A torcida delirava e se conectava ainda mais com o time.

Após a fantástica temporada de 1965, no ano seguinte, o Palmeiras conquistou o Campeonato Paulista e, em 1967, voltou a dominar completamente o futebol brasileiro, com uma conquista inédita e única até hoje, tornando-se duas vezes campeão brasileiro no mesmo ano. Isto porque a CBD organizou primeiro o torneio nacional, de março a junho, e, após quatorze rodadas, o Palmeiras chegou ao quadrangular final com Internacional, Corinthians e Grêmio. Venceu os três adversários, com a final disputada no Pacaembu lotado, e festa do Palmeiras. Na sequência, a Academia foi ao Japão para disputar três amistosos contra a seleção local, conquistando mais uma taça. No final do ano, a CBD organizou outro torneio nacional, a Taça Brasil, somente com campeões estaduais, e o Palmeiras conquistou mais um campeonato.

Segundo Chico Anysio, nesta época, era melhor ver um treino do Palmeiras do que um São Paulo x Corinthians. O ataque reserva do Palmeiras era Julinho, Dario, Ademar e Galhardo. O meio de campo era Suingue e Jayme e o Palmeiras tinha quatro goleiros de excelente nível técnico: Valdir, Picasso, Perez (da Seleção Paraguaia) e mais um argentino.

Em 1968, o Palmeiras apostou todas as fichas na Copa Libertadores, chegando à final, tendo Tupãzinho como artilheiro do torneio, mas, na final,

Chico Anysio com a 10 de Ademir: aplausos de pé

Crédito: Arquivo pessoal de José Ezequiel

Jogadores e diretores em 1966: sintonia perfeita

Crédito: Arquivo pessoal de José Ezequiel

tropeçou no regulamento. Isto porque, após perder por 2 a 1 em La Plata, venceu o Estudiantes no jogo de volta por 3 a 1, no Pacaembu, mas não era levado em consideração o saldo de gols como critério de desempate. Foi marcado, então, novo jogo, que deveria ser em campo neutro. Inicialmente, marcado para Santiago no Chile, por questões financeiras, a Conmebol acabou agendando para Montevidéu, no Uruguai. O Palmeiras viajou com metade do time num dia e metade no outro. Ficou hospedado na concentração do Peñarol — única disponível — ainda com o clima de ressentimento pelas brigas da semifinal. No final, o Palmeiras perdeu a guerra e ficou com o vice-campeonato.

Mais uma vez, a diretoria agiu rápido e buscou renovação para o elenco, trazendo Eurico para a lateral direita, dando passe-livre para Djalma Santos, que praticamente encerrava a carreira, e trazendo Luis Edmundo Pereira, o excepcional zagueiro, que faria história no Palmeiras e na Seleção Brasileira. Para o gol, chegou Emerson Leão, outro nome que dispensa comentários. Eram as primeiras peças da Segunda Academia.

No meio do ano de 1969, Rubens Minelli assumiu a posição de treinador, no lugar de Filpo Nuñez e começou fazendo uma excursão fantástica pela África, jogando no Congo, Gana e Nigéria. A epopeia é recheada de histórias incríveis e vitórias sobre as seleções locais. Depois de um mês passeando por terras africanas, a delegação chegou à Europa, entrando pela Romênia, onde fez amistoso e

Dudu e Ademir: dupla que dispensa comentário

Crédito: Arquivo pessoal de José Ezequiel

venceu o Dínamo Bucareste. De lá, passou pela Itália, onde venceu mais um amistoso, e seguiu para Cádis, na Espanha, onde faria a estreia no tradicionalíssimo Troféu Ramón de Carranza. No primeiro jogo, empatou com o Atlético de Madrid e a decisão foi para os penais. Na época, a disputa era no sistema melhor de três. Cardoso e César converteram para o Palmeiras e o goleiro Chicão pegou os três penais batidos pelo Atlético. No dia seguinte, foi a final contra o poderoso Real Madrid, mas a Academia, acostumada a enfrentar o Santos de Pelé e o Botafogo de Garrincha, não fez distinção e venceu por 2 a 0.

Ao voltar da vitoriosa e longa excursão, o Palmeiras entrou direto no Campeonato Brasileiro (Taça de Prata) ainda cansado e dando folga para alguns jogadores. O resultado: alguns tropeços iniciais, mas, aos poucos, o time retomou a sequência de vitórias e classificou-se para o quadrangular final, com Corinthians, Cruzeiro e Botafogo.

Na primeira rodada, o Palmeiras empatou com o Corinthians, 0 a 0, enquanto Botafogo e Cruzeiro empatavam no Maracanã. Na segunda rodada, o Palmeiras foi ao Mineirão e empatou com o Cruzeiro em 1 a 1, enquanto que o Corinthians vencia o Botafogo por 1 a 0 no Pacaembu. O Corinthians chegava na última rodada em vantagem e pegaria o Cruzeiro, enquanto o Palmeiras enfrentaria o Botafogo.

O Corinthians não conquistava um título havia quinze anos e, com a real possibilidade de conquistar o Campeonato Brasileiro, trabalhou para que sua partida fosse realizada no Pacaembu, tentando mudar o regulamento. Foi quando prevaleceu a ação do diretor de futebol do Palmeiras, José Gimenez Lopes, junto à CBD, que obrigou a entidade máxima a apontar o Mineirão como palco do jogo Cruzeiro e Corinthians, argumentando que o Corinthians ainda não havia jogado fora de São Paulo e o Palmeiras, sim.

O jogo do Palmeiras começou primeiro e o time derrotou o Botafogo por 3 a 1, dois gols de Ademir da Guia e um de César. Quando o juiz apitou o final, no Mineirão, iniciava-se o segundo tempo de Cruzeiro e Corinthians. O Corinthians, que com uma vitória seria o campeão, perdia por 2 a 1. Se o Cruzeiro ampliasse a vantagem para dois gols de diferença, seria ele o campeão. Aos palmeirenses, restava torcer para que a partida terminasse com a vantagem do Cruzeiro, mas com o placar de 2 a 1, o que daria o título ao Palmeiras. A torcida esmeraldina, voltando do Morumbi e em todos os cantos do País, torcia com os ouvidos colados aos rádios, rezava para que os 45 minutos finais no Mineirão terminassem com aquele placar. Pressão total do Cruzeiro, que, por várias vezes, viu o título, no início da partida em poder Corinthians, bem próximo. Os palmeirenses esperavam ansiosamente pelo final da partida. Terminou o jogo no Mineirão, com a vitória do Cruzeiro por 2 a 1 e o Palmeiras campeão brasileiro. A torcida iniciava a festa, rumo ao Palestra Italia. Buzinas, foguetes e bandeiras alviverdes pelas ruas de São Paulo, para saudar a conquista, uma das mais dramáticas do Palmeiras.

Campeão brasileiro em 1969: década de ouro

Crédito: Arquivo pessoal de José Ezequiel

DUDU, ADEMIR E A SEGUNDA ACADEMIA — 1971 A 1980

NO INÍCIO DE 1971, o Palmeiras, que já tinha uma defesa fortíssima e um meio campo com Dudu e Ademir, contratou o atacante Leivinha, craque desejado por todos, para formar o ataque ao lado de César. O Palmeiras chegou à final do Campeonato Paulista, mas o São Paulo, que tinha o governador indicado pela ditadura, Laudo Natel, sentado no banco dos reservas, teve também a ajuda de Armando Marques. Em um belo ataque, cruzamento perfeito, Leivinha fez o que sabia melhor: deu uma cabeçada mortal, marcando o gol que daria o título para o Palmeiras, mas Armando Marques anulou, alegando que Leivinha teria dado um murro na bola. Tudo bem que Leivinha cabeceava como ninguém, mas as imagens, disponíveis ainda hoje, facilmente encontradas na internet, mostram que não havia como confundir. Na mão grande, o Palmeiras perdia o campeonato de 1971, mas o presidente era Paschoal Giuliano e este não deixaria barato. No final de 1971, contratou Oswaldo Brandão, o melhor técnico dos anos 1970, para dirigir a Segunda Academia.

Foi mais um período de ouro do Palmeiras, campeão paulista de basquete (estadual e metropolitano), de futsal (paulista e metropolitano), de vários outros esportes, campeão de futebol juvenil e juniores, campeão sul-americano invicto de futsal.

No começo de 1972, Brandão aproveitou uma série de amistosos para acertar e definir o novo esquadrão. Foram três mudanças de nomes, com Alfredo, Zeca e Nei assumindo os lugares de Nelson, Dé e Pio, mas Brandão deu também contornos mais bem definidos para cada posição. O resultado foi o esquadrão decorado por todo brasileiro que viveu os anos 1970: Leão, Eurico, Luís Pereira, Alfredo e Zeca; Dudu e Ademir; Edu, Leivinha, César e Nei. Talvez o melhor time que já vestiu a camisa do Palmeiras, uma Academia de Futebol.

Além dos amistosos locais, o Palmeiras foi à Argentina para o Torneio de Mar del Plata, contra Peñarol, San Lorenzo, Boca, e conquistou a taça de forma invicta. Na sequência, conquistou o Torneio Laudo Natel, novamente invicto. Veio o campeonato Paulista e novamente dois turnos de forma invicta, chegando à final contra o mesmo São Paulo, que, no ano anterior, havia contado com uma ajudinha extra. Desta vez, a diretoria não permitiu que o jogo fosse para o Morumbi. Exigiu campo neutro e ainda mandou publicar um editorial fantástico, de página inteira nos jornais, explicando para a sua torcida o porquê de não jogar no Morumbi, mas sim no Pacaembu. O texto dizia:

Leivinha amarra a chuteira: bom com os pés, insuperável na cabeçada

Crédito: Arquivo pessoal de José Ezequiel

Temos boas razões para preferir o Pacaembu. O Palmeiras, exercendo um direito, escolheu o Pacaembu para disputar a final do Campeonato Paulista de 1972. Muita gente não entendeu. Aos palmeirenses, nós devemos uma explicação, só a eles. Talvez, no Morumbi vocês ficassem melhor acomodados. Mas, talvez, os nossos jogadores se sintam melhor no Pacaembu. No Morumbi, com certeza a renda seria melhor. Acontece que o nosso objetivo maior é o campeonato, não o lucro. As rendas passam, os títulos ficam. No Morumbi, até o gandula é são-paulino. No Pacaembu, ele pode ser corintiano, luso, palmeirense, são-paulino; o importante é que, no Pacaembu, ele é um gandula profissional, nada mais do que isto. E o condicionamento psicológico de todos envolvidos na partida? Lembrem-se de que não são apenas os jogadores que participam de um jogo de futebol. Palmeirenses, temos a certeza de sua presença no Pacaembu. O Palmeiras fez uma escolha consciente. É pouco provável, mas até podemos perder a partida. Faz parte, é um dos três resultados possíveis. Não tem importância, o importante é competir honestamente.

Foi assim que o neutro Pacaembu, lotado com a torcida palmeirense, viu o Palmeiras conquistar de forma invicta o Campeonato Paulista de 1972, frustrando o governador Laudo Natel e os dirigentes são-paulinos que torciam pelo tricampeonato.

Campeão invicto de 1972: todos sabiam de cor a escalação

Crédito: Arquivo pessoal de José Ezequiel

O segundo semestre foi tomado pelo Campeonato Brasileiro e o Palmeiras liderou a 1ª e a 2ª Fases, chegando às finais com vantagem e tornando-se campeão brasileiro de 1972.

No ano seguinte, novo passeio da Academia e, mesmo jogando várias partidas desfalcado dos principais craques, vestindo a camisa da Seleção Brasileira, o Palmeiras chegou ao bicampeonato brasileiro justamente contra o São Paulo, em pleno Morumbi. Aos tricolores, restou aplaudir um time inesquecível, que controlava o jogo, dominava completamente o adversário e fazia o resultado necessário, com uma serenidade jamais vista, sem soberba, ao contrário, com Dudu e Ademir impondo um estilo de respeito e superioridade técnica.

Em 1974, o Palmeiras foi extremamente prejudicado, desta vez pela Copa do Mundo. Contando com uma seleção em campo, o Palmeiras tinha tudo para conquistar o tricampeonato brasileiro e a Libertadores, mas passou o ano desfalcado de mais da metade do time. Foram convocados para a Copa: Leão, Luís Pereira, Alfredo, Ademir, Leivinha e César. Em pleno jogo decisivo da Libertadores, o Palmeiras entrou com Tonho; Eurico, João Carlos, Polaco e Zeca; Dudu e De Rossis; Edu, Ronaldo, Fedato e Nei. Terminada a Copa, porém, o Palmeiras voltou a jogar com o time completo e, de cara, foi convidado para a Taça Ramón de Carranza na Espanha, onde venceu o Barcelona e o Espanyol,

Ronaldo cala os corintianos no Morumbi: sofreu até ameaça de morte

Crédito: Arquivo pessoal de José Ezequiel

conquistando mais uma vez a bela taça. Na sequência, veio o Campeonato Paulista de 1974 e o Palmeiras chegou à final contra o arquirrival Corinthians, que faria 20 anos do último título. A pressão dentro e fora de campo para que o Corinthians ganhasse era enorme.

Na semana que antecedeu a final, Ronaldo e outros atacantes receberam mais de 100 cartas com ameaças de morte feitas por corintianos, mas só tomaram conhecimento disso após a vitória. "Não nos deixaram ler as cartas para evitar o abalo psicológico", comentou Ronaldo, que teve de sair do Morumbi dentro de um camburão e ficou um dia inteiro sob proteção policial em função do golaço que manteve o Corinthians na fila.

O resultado, todos conhecem, uma vitória com a marca da Academia, um futebol envolvente, toque de bola, domínio das ações, algo parecido com o que o Barcelona e o Bayern de Munique viriam reeditar 40 anos depois. Uma certa monotonia, com a bola de pé em pé, indo de um lado para

A segunda academia: futebol sem comparação

Crédito: Arquivo pessoal de José Ezequiel

Ademir da Guia, o Divino: nenhum outro jamais teve a mesma elegância

Crédito: Arquivo da Revista Placar

Dudu, carregador de piano que era também regente: time de craques

Crédito: Arquivo da Revista Placar

outro, recuando e avançando, cansando o adversário, tirando seu ímpeto, tornando-o resignado. O Morumbi, já silencioso, viu o contra-ataque simples, certeiro, eficaz, com Ronaldo fulminando a rede corintiana e entrando para a nossa história.

O ano de 1975 parecia uma reedição dos anteriores. Começou com o time fazendo bons amistosos e, em março, na inauguração do Estádio Serra Dourada, em Goiás, venceu a seleção argentina por 2 a 1. Em julho, venceu a Juventus de Turim por 2 a 0, em jogo comemorativo pelo centenário da imigração italiana. No mês seguinte, na abertura do campeonato brasileiro, o Palmeiras atropelou o Fluminense, que havia montado uma máquina com Rivelino, Paulo Cézar Caju e outros craques. Dois dias depois, no dia de aniversário do clube, a delegação embarcou para a Espanha para disputar, mais uma vez, o importante Troféu Ramón de Carranza.

Já não havia mais surpresa. Os espanhóis conheciam bem os palestrinos, tanto pelas conquistas anteriores, como a vitória no ano anterior sobre o Barcelona, quanto pela Seleção Brasileira, que tinha meio time do Palmeiras. Assim, no sábado, o Palmeiras estreou contra o Zaragoza e venceu, com gol de Ademir da Guia. No dia seguinte, domingo, foi a vez de enfrentar o Real Madrid e o Palmeiras deu mais um show. O jogo foi transmitido pelas emissoras de rádio para todo o Brasil e pela TV para toda Europa, pelo sistema Eurovision. No primeiro tempo, o Palmeiras dominou e desperdiçou um pênalti batido por Leivinha, mas, na segunda etapa, Edu abriu o placar aos nove minutos. Aos 16, Leivinha fez 2 a 0 para o Palmeiras e, três minutos depois, Itamar ampliou para 3 a 0. No finalzinho,

Zeca, Minuca e o Troféu Ramón de Carranza: especialidade palmeirense

Crédito: Arquivo pessoal de José Ezequiel

LOS BRASILEÑOS IMPUSIERON SU RITMO EN EL CARRANZA

PALMEIRAS, CAMPEON

as

diario gráfico deportivo

HOY, HOMENAJE A RODRI

ATLETICO-SPORTING DE LISBOA

Y un interesante ATLETICO-REAL de veteranos

KUIPER CAMPEON MUNDIAL

Pedro Torres, cuarto

Na Espanha, a imprensa reverencia o "campeón": não dava para segurar Luís Pereira e Leivinha

Crédito: Arquivo pessoal de José Ezequiel

o Real até diminuiu, mas a Espanha estava encantada com a Academia de Futebol. Luís Pereira e Leivinha nem voltaram ao Brasil. Negociados, ficaram por lá, acelerando a renovação do elenco. Dudu já havia parado semanas antes. César havia saído no final do ano e até Osvaldo Brandão havia deixado o posto, sendo substituído por Dino Sani.

A reconstrução não foi à altura. Escolhas erradas fizeram a qualidade do elenco cair, apesar da sorte em um caso: o Palmeiras foi atrás do meia Vasconcelos e, de quebra, trouxe Jorge Mendonça, artilheiro do Náutico. Outra boa aquisição foi a do atacante Toninho Catarinense, mas o time sentia a ausência dos grandes craques, até que Dudu voltou para assumir, desta vez, a cadeira de treinador. Dudu imediatamente colocou Jorge Mendonça como titular, ao lado de Ademir da Guia, lançou o volante Pires e o time foi se encontrando, até conquistar o Campeonato Paulista de 1976. Era o fim da Academia, que, no ano seguinte, teve seu momento mais simbólico: Ademir da Guia, então com 34 anos, já havia sentido o peito, um mês antes, e ficado fora de alguns jogos, até que, em setembro, em jogo contra o rival Corinthians, Ademir sentiu novamente uma forte dor no peito e dificuldade de respiração. O médico determinou a saída de Ademir, que nunca mais voltou a competir profissionalmente. Era um sinal de um ciclo vitoriosíssimo que se encerrava e o início de um longo período de reflexão.

Em 1978, o clube ainda flertou com o título. Tendo Leão no gol e Jorge Mendonça no meio campo, a equipe derrubou todos os grandes pelo caminho, incluindo, na semifinal, o Internacional de Figueroa, Caçapava, Falcão, Carpegiani e que tinha, como lateral esquerdo, Vanderlei Luxemburgo.

Na final, entretanto, o Palmeiras pegou o surpreendente Guarani, que, pela excepcional campanha, havia conquistado o direito de decidir em casa. O primeiro jogo foi definitivo. Com a expulsão do goleiro Leão e a marcação de pênalti para o Guarani, o Palmeiras teve que colocar o atacante Escurinho para fazer a defesa, pondo tudo a perder, ainda mais com o time desfalcado na final em Campinas.

Ainda houve uma sobrevida e momentos de muita alegria no final dos anos 1970, primeiro com o "ciclone" de Filpo Nuñez, no final de 1978, com vitórias relâmpago, jogadores trocando de posição, mas durou pouco. Na sequência, o Palmeiras trouxe Telê Santana, que começou sua ascensão como treinador, que o levaria à Seleção Brasileira. Telê montou um time quase sem estrelas, mas com velocidade e muita disciplina tática. Os destaques ficavam nas duas alas, com Rosemiro e Pedrinho, no meio com Jorginho e Jorge Mendonça, e o ataque com Carlos Alberto Seixas e Baroninho. A equipe demorou um pouco para engrenar, mas, no final do ano, conquistou uma sequência impressionante de vitórias e bom futebol. O auge foi no dia 09 de dezembro de 1979, quando os garotos do Palmeiras enfrentaram o timaço do Flamengo, de Junior e Zico, que seria campeão mundial em 1981. A confiança dos flamenguistas na vitória era tamanha, que a diretoria comprou antecipadamente as passagens para Porto Alegre, onde fariam a semifinal com o já classificado Internacional.

Entre os 112 mil torcedores, cerca de dez mil palmeirenses pensavam de forma diferente. Logo aos 11 minutos, Jorge Mendonça aproveitou uma jogada de César para fazer 1 a 0. Os desconhecidos

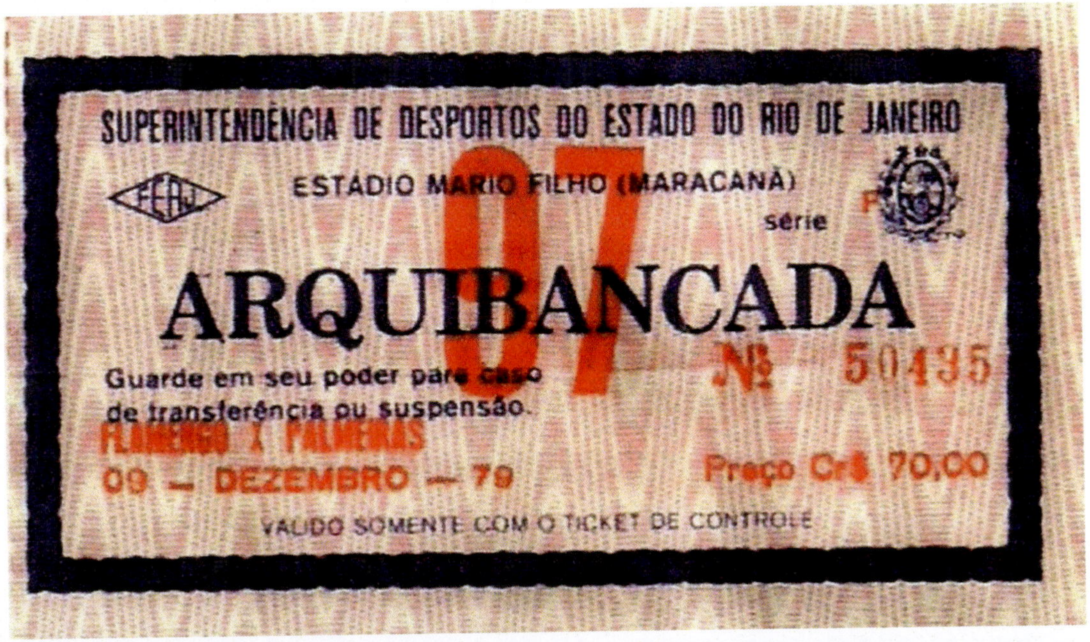

O ingresso do jogo contra o Flamengo no Maracanã: relíquia

Crédito: Arquivo pessoal de José Ezequiel

Pires e Mococa dominavam o meio de campo contra Carpegiani e Adílio. Jorginho apoiava melhor que Tita e Zico do outro lado. No intervalo, enquanto Cláudio Coutinho exigia mais vibração, mestre Telê orientava o time para abrir os contra-ataques pelas pontas...

Aos nove minutos do segundo tempo, Zico empatou de pênalti, mas, mesmo com o Maracanã tremendo, os garotos não se abalaram e Carlos Alberto Seixas fez 2 a 1, numa cobrança de falta de Baroninho. Aos 31 minutos, Pedrinho enfiou a bola no meio das pernas de Manguito, enganou Cantarele e fez 3 a 1. Daí para a frente, o Palmeiras colocou o Flamengo na roda. Coutinho ainda colocou Beijoca para arrumar confusão. Este agrediu Mococa e foi expulso. No final, a humilhação se completou com um gol de Zé Mário de cabeça. O jogo, que valeu por um título, colocou Telê Santana na Seleção Brasileira e imortalizou aquele bravo time de garotos.

Esta partida foi muito emocionante e é uma das melhores lembranças da minha juventude. Hoje, porém, 36 anos depois daquele jogo, eu me questiono se o resultado não contribuiu para tirar o Palmeiras do caminho vencedor, que só seria retomado na década de 1990, na Era Parmalat. O time de 1979 era de jogadores fracos tecnicamente, salvo Jorge Mendonça e Jorginho, mas tinha um treinador competente. Depois desse jogo, o Palmeiras engatou uma sequência com times medíocres, contrariando a tradição das academias, crendo que poderia reeditar o jogo com o Flamengo. Não aconteceu.

Flamengo 1 x 4 Palmeiras: o impossível aconteceu

Crédito: Arquivo pessoal de José Ezequiel

DÉCADA DE CHUMBO — 1981 A 1990

A DÉCADA DE 1980 COMEÇOU, NO BRASIL, com a ressaca da crise mundial do petróleo, a desvalorização da moeda brasileira e a ameaça de recessão, que veio se concretizar pouco tempo depois, colocando em xeque o regime militar, que se desgastou até acabar, em janeiro de 1985, com a eleição de Tancredo Neves. No Palmeiras, os anos 1980 ficaram conhecidos como "década de chumbo", um período opaco, depois do brilho constelar das academias. Uma sucessão de gestões tecnicamente limitadas, sem um plano estratégico, com contratações pontuais, colecionou péssimos resultados. O Brasil ia mal, o Palmeiras também.

Tudo começou logo no início de 1980, quando Telê Santana forçou a venda do craque Jorge Mendonça por questões disciplinares e, logo a seguir, Telê também deixou o comando do clube. Com cinco técnicos diferentes no mesmo ano, outros bons jogadores também deixaram o elenco, como Rosemiro, Pedrinho, Pires e até Baroninho. Se dentro de campo o time era ruim, do lado de fora, porém, a torcida vivia uma explosão de paixão.

Diferente dos anos de Academia, quando a torcida se acostumou a vencer e os estádios eram tomados por famílias, tendo a TUP (Torcida Uniformizada do Palmeiras) e a Torcida Acadêmica como referências, os anos 1980 viram, definitivamente, a torcida se popularizar. Arquibancadas forradas de jovens, de todas as origens e bairros da capital, que faziam a festa nas arquibancadas, com faixas que identificavam os diferentes grupos.

Alma Verde (que usava um periquito fantasma como símbolo), Boinas Verdes, Brigada Verde (1983, cujo símbolo era um periquito pilotando um tanque e que tinha como líder o Espanhol, que entraria para a história na briga de Bragança Paulista, anos depois), Camorra, Cana Verde, Comando Verde, Coração Verde, Espírito de Porco, Explosão Verde, Falange Verde, Força Jovem, Garra Verde, Guerrilha Verde, Império Verde, Máfia Verde, Magia Verde, Palchopps (1981), PalMooca, Porks, Sangue Verde, Visual Verde e tantas outras, mas merece destaque a Grêmio Alviverde, que surgiu em 1976 e dividia com a TUP as atenções no início dos anos 1980. A Grêmio Alviverde fundiu-se com a Inferno Verde, surgida em 1980, e a Império, para, em 1983, criar a Mancha Verde.

Voltando ao futebol, a campanha de 1980 foi tão ruim, que, em 1981, o Palmeiras teve que disputar a Taça de Prata, uma espécie de Série B, mas com a diferença de que, após uma fase inicial curta, o time de melhor desempenho subiria, no mesmo ano, para disputar a Taça de Ouro (Série A). Foi o que aconteceu, com uma final dramática contra o Guarani, que ainda mantinha craques de 1978, incluindo o ataque de Lucio, Careca e Capitão, alimentados por ninguém menos que Jorge

Mendonça, atuando pelo bugre. O Guarani venceu a primeira em Campinas, mas o Palmeiras, carregado pela torcida que inflamou o Palestra Italia, venceu o jogo da volta, subindo para a Taça de Ouro e deixando o bugre na segunda divisão.

Nos anos seguintes, houve de tudo. Muitas contratações erradas, algumas certas, mas que não renderam o esperado, como nos casos de Eneas e Baltazar. Teve raio derrubando jogador em treino, caso de dopping do Mario Sergio, quando o time ia muito bem, e até juiz fazendo gol (Aragão), até que, em 1986, o time se acertou.

No gol, começaram a se revezar Ivan e Martorelli, que davam conta do recado, enquanto que a zaga possuía um novo xerife, Wagner, o "Bacharel". Alguns garotos, como Dênis, Caçapa e Edu, conquistavam a posição de titular, juntando-se a um ataque de respeito, com Jorginho, Mendonça, Edmar, Mirandinha e Éder. Era um time meio temperamental, problemático, mas com muita capacidade técnica. Mirandinha brigava o tempo todo, com adversários e com colegas do elenco, mas também fazia gol de todas as formas, jogando com uma raça incrível. Jorginho, Mendonça e Edmar davam o toque de classe no meio e ataque, enquanto Edu e Éder infernizavam as defesas com uma ala esquerda fantástica. O resultado veio tão inconstante quanto o temperamento dos craques e, assim, o Palmeiras tomava de cinco de um rival e, uma semana depois, goleava o Corinthians por 5 a 1, com golaços, briga, raça e a arquibancada lotada de faixas, bandeiras e camisas alviverdes. A semifinal de 1986 foi épica e valeu por um campeonato. No primeiro jogo, o Palmeiras se lançou todo ao ataque, bombardeando a defesa corintiana, que fazia o que podia para evitar o gol e, não

Palmeiras em 1981: um time de prata, não de ouro

Crédito: Arquivo pessoal de José Ezequiel

conseguindo, ainda contava com a ajuda de Ulisses Tavares da Silva Filho. O árbitro anulou um gol legítimo do Palmeiras, expulsou de forma injusta e sem qualquer explicação o meia Edu, o melhor do time naqueles dias, expulsou Zetti, que estava como goleiro reserva, o zagueiro Amarildo e até o diretor Nicola Racciopi. Para completar, ainda deixou de dar um pênalti claro a nosso favor, em um toque de mão do zagueiro Edvaldo, eternizando os pulos de Gerson Caçapa, revoltadíssimo com a não marcação, enquanto Edvaldo limpava o braço enlameado na camisa. Por fim, validou um gol irregular do Corinthians. Foi uma das maiores vergonhas em uma partida entre os rivais.

No vestiário, o técnico Carbone foi questionado sobre como montaria o Palmeiras para o jogo de volta e o que esperava da próxima partida. Carbone respondeu que o Corinthians havia jogado como um "timinho" e que, certamente, jogaria novamente como "timinho"; que o Palmeiras, mesmo desfalcado, venceria a partida de volta.

Declarações raivosas e corajosas, que incendiaram o clima para a partida seguinte. Na quarta-feira, 93 mil torcedores lotaram o Morumbi para ver a decisão e o Palmeiras fez uma partida marcada por muita garra e disposição, dominando completamente o jogo, sufocando o adversário. O centroavante Casagrande jogou boa parte da partida como zagueiro, ajudando seus colegas a aliviar os seguidos ataques, escanteios e faltas, mas o gol teimava em não sair. O Palmeiras ainda colocou duas vezes a bola na trave do goleiro Carlos, mas o empate prosseguia. Se o Palmeiras conseguisse o gol, ainda teria de enfrentar a prorrogação. No final, não havia mais tática ou técnica: era apenas garra. A Fiel já

Wagner, o Bacharel: este sim impunha respeito

Crédito: Arquivo pessoal de José Ezequiel

Semifinal do Paulista: o Palmeiras encontra a luz do fim do túnel

Crédito: Arquivo pessoal de José Ezequiel

O Palmeiras vice-campeão: a torcida, vibrante, merecia mais

Crédito: Arquivo pessoal de José Ezequiel

comemorava a conquista da vaga, quando levou um grande golpe, aos 42 minutos: da esquerda, veio o cruzamento de Jorginho para o lateral Diogo, que cabeceou bem e viu Carlos espalmar nos pés de Mirandinha. O artilheiro, de joelho, empurrou para as redes e, assim, metade do Morumbi explodiu enquanto a outra metade silenciava. Terminado o tempo regulamentar, os dois times caíram exaustos, esperando a prorrogação, enquanto as torcidas retomavam a batalha.

Na retomada, o Corinthians finalmente saiu para o jogo, saiu da retranca. Afinal, agora precisaria de um gol para se classificar, enquanto que o Palmeiras jogava pelo empate, mas bastou o Corinthians se abrir um pouco para o fantástico ataque do Palmeiras se aproveitar. Aos dois minutos, Mirandinha pegou sozinho e, muito rápido, quase fez o gol. Dois minutos depois, Mirandinha repetiu o lance e converteu: 2 a 0 Palmeiras. Aí, poderíamos até tomar um gol que o Corinthians estaria eliminado. O Corinthians, então, se lançou todo ao ataque, mas de nada adiantou. Aos 13 minutos, Éder marcou um gol olímpico, ampliando para 3 a 0. A festa foi como a de um título.

Independentemente de título, as importantes vitórias e o belo time encheram de orgulho a torcida, que não parava de crescer. Foi assim que, dois meses depois deste jogo épico, a torcida assumiu o Porco, que, até então, era ofensa utilizada pelos rivais. A torcida inverteu a situação e adotou o mascote, como símbolo de força.

Como se vê, os anos 1980 foram anos difíceis, sem muitos títulos, mas foram anos de grandes vitórias. Em uma tentativa de reviver um pouco a Academia dos anos 1970, a diretoria trouxe de volta Émerson Leão, um dos que mais vestiram a camisa do Palmeiras em todos os tempos. O goleiro, recordista em número de partidas sem tomar gol em campeonatos brasileiros, destacou-se na meta palmeirense e foi, mais uma vez, convocado para a seleção brasileira. A maior vitória deste período, porém, foi fora do gramado, nas arquibancadas, onde a torcida colecionou vários recordes de público e arrecadação, dentro e fora do Palestra, independentemente da qualidade do time, desde que ao menos a raça e o respeito pela camisa estivessem presentes. Foram vários momentos e vários ídolos assim, até a chegada dos anos 1990, mas aí já é uma outra história.

Trabalhava na rádio Excelsior e cobri de perto a agonia do presidente Tancredo Neves, no Incor. Coração de estudante, a música que emocionava o Brasil. Tancredo não resistiu, Sarney assumiu e o Brasil descobriu a política como caminho para as transformações necessárias. Veio a Constituinte e, depois, as primeiras eleições diretas para presidente.

O Brasil mudava.

A década começou sombria e terminou com muita esperança no horizonte. Era assim no meu Palmeiras. Era assim também no meu País.

Leão, goleiro que mais tempo ficou sem tomar gol em Brasileiros: defesa que ninguém passa

Crédito: Arquivo da Revista Placar

Jorginho, um dos jogadores que mais vestiram a camisa do Palmeiras: brilho num elenco apagado

Crédito: Arquivo da Revista Placar

PIONEIRISMO E COGESTÃO — 1991 A 2000

EM DEZEMBRO DE 1990, o presidente Carlos Bernardo Facchina Nunes conseguiu se reeleger para um mandato de dois anos e começou com o pé direito, com o Palmeiras conquistando a Taça Euro-América, um torneio contra dois bons times alemães, o Hamburgo e o Stuttgart. O time tinha uma boa base, com Velloso no gol, Toninho na zaga, Galeano, Betinho e Jorginho fazendo o meio-campo e Careca no ataque, mas este fazia força para ser vendido e nem disputou estes amistosos. Após um primeiro semestre de tropeços, no meio do ano, a diretoria fez boas negociações. Trouxe o técnico Nelsinho para o lugar de Carpegiani, contratou o jovem César Sampaio, vindo do Santos, e negociou Careca com a Itália, repatriando o centroavante Evair.

Os investimentos trouxeram resultados, mas o Campeonato Paulista contava, aquele ano, com um regulamento vergonhoso. Após uma enorme bagunça no campeonato do ano anterior, os catorze melhores foram colocados em um grupo, chamado módulo verde, e os catorze rebaixados jogariam o módulo amarelo, incluindo o São Paulo. O regulamento, porém, criou uma fase final entre os cinco melhores do módulo verde e os três melhores do módulo amarelo. O problema nem era este absurdo, mas o fato de colocar como critério de desempate na etapa final os pontos que as equipes tivessem conquistado na fase inicial. Assim, o São Paulo, que disputou a segunda divisão (módulo amarelo), entrou com a vantagem do empate na fase final e foi o que aconteceu. Palmeiras e São Paulo empataram em pontos, mas o Palmeiras ficou fora das finais.

O ano de 1992 começou com uma série de boatos sobre um novo patrocínio e investimento de uma empresa italiana, a Parmalat. Enquanto a diretoria analisava as condições e o projeto crescia de simples patrocínio para uma verdadeira cogestão, algo inédito no futebol brasileiro, o Palmeiras estreava no Campeonato Brasileiro, e mal. O técnico Nelsinho não conseguia acertar o time e, no dia 19 de fevereiro, os jornais estampavam que Evair tinha sido afastado pelo treinador, por questões táticas e de indisciplina. Nelsinho queria que Evair saísse mais da área e Evair não concordava. A discussão tornou-se pública, com Evair questionando os pedidos do treinador. Nelsinho apostou na disciplina e acabou afastando Evair, depois Ivan, Andrei e Jorginho. Até Edu Marangon e Betinho entraram na lista por alguns dias. Nelsinho ainda resistiu bastante, mas acabaria demitido em agosto.

COGESTÃO 1992

Após dois meses de discussão, a parceria com a Parmalat foi aprovada pelo Conselho Deliberativo, no início de abril, e assinada no final do mesmo mês, com festa de estreia no dia 24 de abril de 1992, vitória contra o Cruzeiro, já com o novo uniforme com listas brancas.

Após alguns meses de estruturação, em agosto, as coisas começaram a mudar. Nelsinho foi demitido e, para o seu lugar, foi contratado um treinador novo, campeão no Paraná, Otacílio Gonçalves, o Chapinha. Imediatamente, ele reintegrou Ivan, Andrei, Jorginho e Evair, que estavam afastados havia quatro meses, treinando por conta própria no Parque do Ibirapuera, para manter a forma. O elenco foi levado para Parma e, na volta, a Parmalat anunciou oferta de 8 milhões de dólares para contratar o craque Maradona, em litígio com o Napoli. Infelizmente, a oferta não foi aceita, mas a Parmalat mostrou o apetite. Para o restante do Campeonato Paulista de 1992, o Palmeiras trouxe o meia Cuca, repatriou Mazinho, vindo da Fiorentina, e contratou o meia Zinho, campeão pelo Flamengo.

Em algumas semanas, o resultado apareceu e, mesmo montado às pressas, no meio do campeonato, o Palmeiras emplacou uma série de vitórias, 13 em 15 jogos, caminhando para a final do Paulista e semifinal da Copa do Brasil. O desentrosamento adiou as conquistas, mas o retorno do investimento estava claro. Assim, o Palmeiras decidiu reforçar ainda mais o time em 1993.

Brunoro, Luxemburgo e Seraphim Del Grande: engenharia para formar a máquina dos sonhos

Crédito: Arquivo pessoal de José Ezequiel

CAMPEÃO PAULISTA 1993

Em janeiro de 1993, a revista Placar estampou na sua capa o slogan "A Máquina dos Sonhos" e, junto, uma foto com as quatro contratações: o zagueiro Antônio Carlos, 23 anos, repatriado da Espanha; o lateral Roberto Carlos, 19 anos (que havia sido vetado pelo técnico Nelsinho no ano anterior); e os atacantes Edílson e Edmundo, ambos com 21 anos. Jovens craques, que se juntavam a Zinho, Mazinho, Evair e César Sampaio, para formar um dos melhores times da história do futebol brasileiro.

O time começou o campeonato como esperado, vencendo quase todos os jogos e liderando, mas o técnico não conseguiu gerenciar o ego de tantas estrelas e o time mostrou algumas fraquezas, que poderiam ser decisivas na etapa final. A torcida percebeu e se irritou com alguns sustos e, mesmo com o time na liderança, passou a pressionar o treinador, alvo das críticas. Em abril, Otacílio pediu demissão e, na semana seguinte, o Palmeiras contratou o jovem técnico Vanderlei Luxemburgo, estrela em ascensão, ex-jogador do Flamengo e que estava cotado, inclusive, para assumir a Seleção Brasileira. Luxemburgo estreou faltando seis rodadas para as semifinais e, sabendo que sua maior função era impor uma certa disciplina dentro e fora de campo, o fez e conseguiu. O time chegou às semifinais voando e estreou com 6 a 0 no Rio Branco. Na sequência, mais cinco vitórias, dentro e fora de casa, credenciando-se para a finalíssima, justamente contra o maior rival, o Corinthians.

No primeiro jogo da final, com mais de 90 mil torcedores, o Palmeiras fez o que sabia: domínio de campo e bola (30 minutos contra 19 minutos do adversário) e muita troca de passes buscando o gol. Em jogada de bola parada, porém, o Corinthians abriu o placar com Viola, que, na comemoração, imitou um porco. O jogo seguiu nervoso, a zaga corintiana abusou da violência, houve expulsões e terminou assim com este resultado. No dia seguinte, os jornais estampavam Viola com sua comemoração, algo que Luxemburgo soube usar com perfeição ao longo da semana.

No domingo ensolarado, 12 de junho de 1993, o Palmeiras entrou em campo com Sergio, Mazinho, Antônio Carlos, Tonhão e Roberto Carlos; César Sampaio, Daniel, Edílson e Zinho; Edmundo e Evair. Os mais de 104 mil torcedores viram um Palmeiras mordido. Seus jogadores entraram com garra, além da técnica excepcional, e prontos para o revide de qualquer jogada mais violenta, como aconteceu com frequência no jogo anterior. O domínio foi, mais uma vez, absoluto e, logo no primeiro minuto, Edmundo teve uma chance desperdiçada. Após várias tentativas envolventes, aos

36 minutos, Evair tocou para Zinho, que puxou e bateu na diagonal, de pé direito (ele é canhoto), fazendo 1 a 0. No segundo tempo, ainda nervoso, aos 15 minutos, o Palmeiras armou um excepcional contra-ataque e o goleiro Ronaldo, já fora da área, agarrou Edmundo, que seguia com o gol livre. Ronaldo foi expulso, a confusão se armou e o árbitro prejudicou o Palmeiras, expulsando injustamente o zagueiro Tonhão, que nada havia feito no lance. Com dois a menos em campo, o jogo adquiriu outro ritmo, até que, aos 28 minutos, Mazinho penetrou e cruzou para Evair marcar: 2 a 0. A torcida explodiu. Sabia que agora o jogo iria para a prorrogação, a despeito do saldo de gols e do Palmeiras ter feito de longe a melhor campanha do torneio. Aos 38 minutos, Edílson ampliou, 3 a 0, e o jogo seguiu para o final, com a torcida do Palmeiras cantando e vibrando. Ainda havia, porém, a prorrogação.

Quando juiz apitou o final do tempo regulamentar, a torcida corintiana acordou. Apesar dos 3 a 0, sabia que uma vitória simples na prorrogação lhe daria o título e deixaria o rival mais um ano na fila, mas Luxemburgo reuniu o time e incendiou os jogadores. Quando a prorrogação começou, o Palmeiras, apesar de jogar pelo empate, sobrou em campo e dominou todos os setores. Pressão total, recuperação de bola e sempre partindo para o gol. Luxemburgo e o time não queriam o empate. Aos dois minutos, Edílson perdeu um gol dentro da pequena área. Aos quatro minutos, foi Edmundo quem teve a chance e chutou de forma perigosíssima. Aos sete minutos, Edmundo entortou o zagueiro Ricardo e sofreu pênalti. Foram três minutos de reclamações e pressão para que Evair perdesse a concentração, mas ele era um predestinado. Evair correu com passadas longas e cadenciadas, lembrando um pouco Ademir da Guia, que usou como técnica para antever o movimento do goleiro. Olhos fixos no arqueiro e na fração de segundo, que denunciou seu pulo para o lado esquerdo. Evair entortou o corpo e colocou com serenidade a bola para o outro lado, o mesmo para o qual saiu correndo, de braços abertos, em direção à torcida palmeirense. Imagem épica, eternizada em todas as revistas, sites, jornais, de redenção absoluta, 4 a 0 no principal rival e título garantido. Foram mais 20 minutos de festa até o apito final de um dia inesquecível para todos os palmeirenses.

Mais perto do título paulista: "Ê ô, ê ô, Evair é um terror!"

Crédito: Arquivo pessoal de José Ezequiel

Zinho comemora o gol contra o Corinthians: canhoto, ele tinha acordado o pé direito, e a torcida, despertado para o título

Crédito: Arquivo pessoal de José Ezequiel

Os campeões de 1993: para sempre, a gratidão de todos os palmeirenses

Crédito: Arquivo pessoal de José Ezequiel

Evair cobra o pênalti: quem consegue esquecer 12 de junho de 1993?

Crédito: Arquivo da Revista Placar

RIO–SÃO PAULO E BRASILEIRO DE 1993

Menos de dois meses depois, enquanto o Brasil de Parreira sofria nas eliminatórias da Copa de 1994, o Palmeiras chegava a outra final de campeonato, o Torneio Rio–SP, e novamente contra o Corinthians. O Palmeiras, desfalcado de seus principais craques, tinha Edmundo como principal liderança e ele cumpriu seu papel, fazendo dois gols e infernizando a defesa corintiana no primeiro jogo. No segundo jogo, o Palmeiras apenas administrou a vantagem conquistada e ficou com mais um título diante do velho freguês.

Rio–São Paulo: como nos tempos da Academia

Crédito: Arquivo pessoal de José Ezequiel

César Sampaio explode de alegria depois do gol que merecia placa: O Morumbi se cala

Crédito: Gazeta Press

Edmundo e os adversários do Vitória: time baiano não conseguiu segurar os craques do Verdão

Crédito: Gazeta Press

No segundo semestre, veio a disputa do Brasileiro e o Palmeiras, reforçado pelo zagueiro Cléber, chegou às semifinais já como grande favorito. Se o Corinthians era o freguês de sempre, do outro lado faltava ainda o São Paulo medir forças com aquele fantástico Palmeiras e o destino colocou as duas equipes na semifinal, jogada no Morumbi. O Palmeiras, por ter a melhor campanha, jogava pelo empate e o São Paulo precisava da vitória. O que se viu em campo, porém, parecia invertido, com o Palmeiras dominando as ações e buscando o gol o tempo todo. O São Paulo apostava em um gol simples que o levasse à decisão do Brasileiro e a estratégia deu certo até os 22 da segunda etapa, quando Edmundo, sempre ele, fez o primeiro do Palmeiras. O São Paulo, de Zetti, Cafu, Palhinha, Leonardo e Muller, seguiu as orientações de Telê, que finalmente mandou o time para o ataque. Foi assim que, aos 38 minutos, César Sampaio fez o gol mais bonito de sua carreira, partindo do meio-campo, driblando, correndo, bola no meio das pernas de adversário, até passar por Zetti e chutar para o gol vazio, sacramentando a vitória e a classificação para a final do Brasileiro.

No dia seguinte, o Corinthians decidiria a outra vaga no Morumbi contra o Vitória da Bahia, mas acabou tropeçando e deixou escapar a terceira final, no mesmo ano, contra a Seleção Palmeiras. Foi assim que, nos dois domingos seguintes, o Palmeiras cumpriu seu papel, vencendo o surpreendente Vitória, tanto em Salvador quanto no Morumbi, uma semana antes do Natal de um ano maravilhoso para o Palmeiras, Campeão Estadual, Regional e Brasileiro.

BICAMPEÃO PAULISTA E BICAMPEÃO BRASILEIRO

Era um ano especial o de 1994. Ano de Copa do Mundo, com eleições para presidente da República e o Brasil de alma lavada, um ano e meio depois do impeachment de um presidente que prometia caçar marajás e corruptos e que acabou, ele mesmo, envolvido em denúncias de corrupção.

Em março, veio a estreia na Copa Libertadores e o Palmeiras caiu em um grupo com Cruzeiro, Boca Juniors e Vélez Sarsfield. Após vencer o Cruzeiro na estreia, o Palmeiras pegou o Boca Juniors, dirigido por Cesar Luiz Menotti, e realizou uma goleada histórica, por 6 a 1, gols de Cléber, Roberto Carlos, Edílson, Jean Carlo e dois de Evair.

Na sequência do Campeonato Paulista, o domingo, 1º de maio, foi decisivo e começou dramático, com a morte do piloto Ayrton Senna. À tarde, mais de 60 mil torcedores homenagearam o piloto. Havia, porém, algo mais para aquela tarde, um tira-teima entre as duas equipes, pois o São Paulo liderava o torneio e tinha a vantagem de jogar em casa. Após esta partida, o Palmeiras faria apenas mais quatro jogos.

Apesar do domínio do Palmeiras, o São Paulo tinha um time muito veloz e aproveitou contra-ataques para levar a partida para o intervalo com 2 a 1 a seu favor. Um empate seria desastroso para o Palmeiras e perder, então, colocaria o bicampeonato paulista fora de seu alcance, mas o segundo tempo começou diferente e o Palmeiras veio com toda a força.

Aos 12 minutos, o zagueiro Válber, do São Paulo, agrediu o zagueiro do Palmeiras, Antônio Carlos, mas este, no momento seguinte, revidou fortemente. O juiz, estrangeiro em função da importância do jogo, não viu as agressões e a batalha continuou.

Aos 29 do segundo tempo, o Palmeiras empatou e, aos 38, já no finalzinho, Evair marcou, batendo falta com perfeição. Palmeiras 3 a 2 e o favoritismo se invertia. O Palmeiras dependia somente de si nas quatro rodadas finais e foram quatro vitórias, uma delas contra o Santo André na penúltima rodada, que garantiu o título matematicamente, e, no domingo, colocando a faixa contra o Corinthians, vencido por 2 a 1.

Palmeiras em 1994, bicampeão paulista: um time sempre em busca do título

Crédito: Arquivo pessoal de José Ezequiel

No meio do ano, Copa do Mundo nos EUA, com o Brasil sagrando-se campeão nos pênaltis, o Palmeiras tomou uma péssima decisão. Por interesses financeiros, mandou o time para uma cansativa excursão pelo Japão, retornando na véspera da decisão da vaga das oitavas da Libertadores contra o São Paulo.

Enquanto o rival treinava por aqui, o Palmeiras chegou do Japão na quinta de manhã, após 27 horas de viagem. Vários jogadores, como Evair, declararam ter dormido apenas quatro horas. Para piorar, Mazinho e Zinho, que serviram à Seleção, apenas se integraram ao time no sábado e, no domingo, um sonolento Palmeiras perdeu a vaga no torneio em que era favorito.

Rivaldo, em foto inédita: na época, já era o melhor do mundo

Crédito: Arquivo de José Ezequiel

Na sequência, o Palmeiras fez novas negociações, com destaque para a saída de Rincón e a vinda de Rivaldo. Este novo Palmeiras descansou por cerca de trinta dias e estreou no Brasileiro, atropelando novamente. Com nove vitórias nas rodadas da primeira fase, terminou em primeiro e garantiu vaga nas quartas de final, onde venceu o adversário nos jogos de ida e de volta, repetindo o feito na semifinal: vitória nos dois jogos, credenciando-se para a finalíssima contra o Corinthians, novamente.

Fato inusitado, na véspera da decisão, o São Paulo, cansado de ver Palmeiras e Corinthians decidir jogos em casa, alegou que o gramado estava em péssimas condições e que tinha amanhecido cheio de buracos, feitos por um funcionário, que nunca foi identificado. Fato é que a final foi transferida para o Pacaembu e, na quarta à noite, o Brasil parou, mais uma vez, para ver a grande decisão e uma exibição de gala de Rivaldo, que abriu o placar aos 44 do primeiro tempo, ampliando aos 18 do segundo tempo. Três minutos depois, Edmundo ainda ampliou para 3 a 0. Marques ainda diminuiu, mas o placar elástico praticamente decidiu o título. No domingo, 18 de dezembro de 1994, o Palmeiras conquistava o bicampeonato brasileiro no Pacaembu tomado por palmeirenses. Bicampeão paulista e bicampeão brasileiro.

Jogadores comemoram o campeonato brasileiro de 1994: futebol alegre e vencedor

Crédito: Arquivo da Revista Placar

SUPERTIME DE 1996

No inicio de 1995, Luxemburgo saiu, acompanhado de alguns jogadores, e o time se perdeu momentaneamente, mas, no final do ano, começou um excepcional planejamento para o ano seguinte. Em outubro, Luxemburgo voltou e, em novembro, o Palmeiras anunciou a contratação do craque Djalminha, com Luizão, dupla que defendia o Guarani, mesmo faltando várias rodadas para o final do campeonato. As férias foram antecipadas, assim como o retorno para a pré-temporada, já incluindo outras contratações, como o zagueiro Roque Júnior e o lateral Júnior. O resultado apareceu logo no início de janeiro, na Copa Euro-América, torneio disputado no estádio Castelão, no Ceará, onde o Palmeiras enfrentou o Borrussia Dortmund, campeão da Bundesliga 94/95, e venceu por 6 a 1, com três gols do craque Rivaldo.

Na semana seguinte, ocorreu a estreia no Campeonato Paulista e o Palmeiras goleou a Ferroviária por 6 a 1. Na segunda rodada, 7 a 1 no Novorizontino, jogando na casa do adversário. A rotina se manteve, encantando o Brasil com 21 vitórias em 22 jogos, apenas um empate, goleadas em cima de goleadas, incluindo 8 a 0 no Botafogo, 6 a 0 no Santos, jogando na Vila, duas vitórias sobre o São Paulo, sobre o Corinthians, mais de 100 gols marcados, média altíssima. Para coroar, estreou o jovem e desconhecido goleiro Marcos, numa escalação pontual, com goleada contra o Botafogo, sem tomar nenhum gol. No final, o Palmeiras conquistou o campeonato, com repercussão além das fronteiras do Brasil, diante do belíssimo futebol de sucessivas goleadas.

O time de 1996: rotina de goleadas

Crédito: Arquivo pessoal de José Ezequiel

Djalminha mostra Djalma Dias: pai e filho no coração dos palmeirenses

Crédito: Arquivo pessoal de José Ezequiel

PROJETO LIBERTADORES

Em meados de 1997, o Palmeiras começou a montar o Projeto Libertadores. O primeiro movimento foi a troca de Luxemburgo pelo técnico Luiz Felipe Scolari, ocorrida em julho. Luxemburgo era um perfeito estrategista para campeonatos de pontos corridos, mas Felipão vinha demonstrando enorme vocação para a disputa de jogos mata-mata, carregados de adrenalina. Ele conseguia montar equipes com esta vocação, daí a escolha.

Com Felipão, chegou do Coritiba o jovem meia Alex, craque que assumiria a camisa 10, mesmo com a volta do meia Zinho, além das contratações de Euller e Oséas. Era o início da família Scolari. O segundo semestre foi de ajustes e o time até chegou à decisão do Brasileiro, mas foi prejudicado na final com o recurso que permitiu a escalação de Edmundo, pelo Vasco. Na primeira partida, o jogador tomou o terceiro cartão amarelo e depois ainda tomou o vermelho, mas, mesmo assim, o STJD concedeu liminar e permitiu sua escalação. No final, dois jogos em 0 a 0 deram o título ao Vasco, que tinha campanha melhor.

Seguindo o Projeto Libertadores, em janeiro de 1998, o Palmeiras atendeu aos pedidos de Scolari e trouxe dois de seus antigos comandados, o lateral Arce e o atacante Paulo Nunes. Agora, o time estava completo e a primeira chance de voltar à competição continental seria a Copa do Brasil, jogada no primeiro semestre.

Felipão orienta a verdadeira família Scolari: em busca da Libertadores

Crédito: Arquivo pessoal de José Ezequiel

O Palmeiras entrou focado e foi eliminando, um a um, seus rivais, sempre priorizando a competição. CSA e Ceará foram eliminados nas fases iniciais; depois, vieram Botafogo nas oitavas, Sport nas quartas, Santos na semifinal, e finalmente o Cruzeiro. No jogo de ida, o Cruzeiro venceu por 1 a 0, no Mineirão, e trouxe não só a vantagem do empate, mas também a vantagem do gol, mesmo perdendo; ou seja, o Palmeiras precisava vencer por 2 a 0. Foi o que aconteceu, mas de forma dramática, como seriam todas as vitórias com Felipão. Paulo Nunes abriu o placar na primeira etapa, mas o jogo se arrastou com o placar mínimo até os últimos minutos do segundo tempo, em um final dramático. Aos 44 do segundo tempo, houve uma falta na intermediária, excepcionalmente bem batida por Arce, com defesa parcial do goleiro, mas Oséas, sem ângulo, em vez de cruzar para a área, arriscou um chute magnífico, que entrou no alto, fazendo explodir a torcida, com os 2 a 0. Palmeiras campeão da Copa do Brasil e vaga na Libertadores de 1999.

Alex e Paulo Nunes campeões da Copa do Brasil: sonho da Libertadores mais perto

Crédito: Lancenet

No segundo semestre, o Palmeiras fez um Brasileiro burocrático e gostou mesmo foi da Copa Mercosul, torneio semelhante à Libertadores, que daria grande experiência para todo o grupo. Na primeira fase, foram seis jogos e seis vitórias, contra adversários da Argentina, Uruguai e Chile. Nas quartas, eliminou o Boca Juniors, na Bombonera. Na semifinal, eliminou o Olímpia, jogando no Paraguai, e, na final, voltou a pegar o Cruzeiro, conquistando a Copa Mercosul, após três jogos duros. Felipão consolidava seu carisma para este tipo de torneio e tinha o grupo preparado para o desafio de 1999, a Libertadores.

Apesar do ótimo final de ano e de toda a preparação, o time não começou seu ano decisivo como se esperava. Felipão tentava montar dois times, para competir nas três frentes do semestre, simultaneamente: Libertadores, Copa do Brasil e Campeonato Paulista.

A agenda complicada trouxe reflexos. César Sampaio sentiu e, na primeira fase, Roque Júnior acabou fazendo várias partidas como volante. O time até começou bem, com vitória sobre o Corinthians e goleada sobre o Cerro Porteño, mas vieram tropeços e mudanças. Veloso sentiu uma contusão e Marcos assumiu a posição no final da primeira fase. Oséas também ganhou a posição de Evair. Ao final, o Palmeiras conquistou a vaga para as oitavas, mas, para enfrentar o Vasco, campeão da Libertadores do ano anterior, e decidindo em São Januário. O que era ruim, piorou com o empate no Palestra. Já no Rio de Janeiro, no jogo de volta, o Palmeiras fez uma excelente partida e, mesmo

sofrendo o primeiro gol, virou o jogo, sofreu o empate, mas, no segundo tempo, voltou a ficar à frente e ainda ampliou, fechando em 4 a 2 a eliminação do campeão.

Com a conquista da vaga, o Palmeiras enfrentaria o Corinthians nas quartas de final. As duas equipes, obcecadas com a Libertadores, monopolizaram as atenções e a audiência, que viu o Palmeiras abrir 2 a 0 no primeiro jogo, revertido no segundo, o que levou a decisão para os pênaltis. Consagração de Marcos, que defendeu o pênalti batido por Vampeta. Palmeiras classificado e Corinthians eliminado.

Conquista da Mercosul: em campo, o Palmeiras mata, não morre

Crédito: Arquivo pessoal de José Ezequiel

Na semifinal, o Palmeiras passou pelo River Plate, usando a força do Palestra Italia e revertendo a derrota no jogo de ida, com exibição de gala de Alex, que ainda marcou um golaço nos 3 a 0 aplicados sobre a equipe argentina. Na final, mais drama, começando pela derrota em Cali, por 1 a 0, e o jogo duríssimo na volta. Apesar de toda a pressão, o primeiro tempo terminou empatado. No segundo tempo, Felipão avançou ainda mais o time, tirando o lateral Arce e colocando Evair, que estava no banco. Aos 19, pênalti para o Palmeiras. Evair bateu com maestria, tirando o goleiro. Nem deu muito para comemorar, pois, cinco minutos depois, surgiu um pênalti para o Deportivo Cali e seu melhor batedor, Zapata, empatou a partida. O Palmeiras tinha mais 20 minutos para marcar e levar a decisão para os pênaltis. Aos 30 minutos, Oséas marcou, em cruzamento forte de Júnior. A pressão continuou até o final e foi tão intensa que Evair acabou sendo expulso aos 49 do segundo tempo, justo nosso melhor batedor de pênaltis.

Terminada a partida, a série de pênaltis foi aberta por Zinho, experiente, campeão do mundo em 94, mas a bola subiu, bateu na trave e foi para fora. O Deportivo Cali fez os seus e, quando chegamos na quarta cobrança, o clima era de terror, mas Marcos cresceu. Bedoya se assustou e, na tentativa de tirar do goleiro, mandou na trave. Euller, na sequência, bateu com perfeição e, por fim, Zapata correu e bateu. Marcos de um lado, bola do outro, mas para fora. Festa no Palestra, festa na cidade, festa em todo o Brasil. Palmeiras campeão da Libertadores de 1999.

Em 2000, o Palmeiras começou uma grande reformulação, com elenco mais enxuto e saída de grandes estrelas. Era o fim do contrato de cogestão com a Parmalat, que iria apenas até dezembro, mas o novo time começou o ano bem, conquistando mais um Torneio Rio–São Paulo, com uma vitória sobre o Vasco da Gama por 4 a 0. O resultado deu moral e esperanças e, com Felipão no banco, o Palmeiras passou pela primeira fase da Libertadores, na sequência, eliminou o Peñarol nas oitavas e, depois, o Atlas do México, nas quartas, chegando à semifinal justamente contra o Corinthians, que estava recebendo muitos investimentos do seu patrocinador, com vários jogadores de renome. O clássico do século, ano 2000, semifinal decisiva da Libertadores, correspondeu a todas as expectativas no jogo de ida, com vitória do Corinthians por 4 a 3. Ainda no vestiário, Felipão berrava: "Quero que vocês, nos próximos sete dias, sintam a mesma raiva que eu estou sentindo por termos perdido do Corinthians."

O time da Libertadores: para sempre, na História do Palmeiras

Crédito: Arquivo pessoal de José Ezequiel

Na reapresentação, Scolari cobrou mais determinação do time e cobrou dos jogadores, aos palavrões, que não aceitassem as provocações do atacante corintiano Edílson, que acertou um tapa no lateral-esquerdo Júnior durante o clássico no Morumbi, pelas semifinais da Libertadores.

No dia 06 de junho de 2000, o Brasil parou para ver a grande decisão. Globo e Band juntas bateram o recorde de audiência de futebol, com 66 pontos, treze a mais que a decisão entre Corinthians e Vasco pelo Mundial da FIFA meses antes. Brasil parado e América do Sul também, com transmissão ao vivo.

Felipão carrega a taça: era essa a sua missão

Crédito: Gazeta Press

Palmeirenses que cantam e vibram: sempre presente, a torcida fez por merecer

Crédito: Gazeta Press

Como no primeiro jogo, as duas equipes jogaram de forma muito ofensiva. O Palmeiras teve uma chance espetacular, aos 13 minutos, com Alex. O Corinthians criou várias jogadas, mas, quando a zaga não impediu, Marcos defendeu, até que, aos 35 minutos, o Palmeiras abriu o placar com Euller. Logo depois, porém, o Corinthians mostrou sua força ofensiva e empatou com Luizão. Veio o segundo tempo e, aos sete minutos, bateu o desespero. O Corinthians virou, com novo gol de Luizão, 2 a 1. O Palmeiras de Felipão arrumou forças e, aos 15 minutos, Alex empatou novamente a partida, com um golaço. Euller levou até a linha de fundo e cruzou para trás. Alex, com uma categoria imensa, tendo vários zagueiros à frente e Dida no gol, tocou quase no ângulo esquerdo. Tudo igual e um clima de nervosismo extremo, dentro e fora de campo. O mesmo Alex, dez minutos depois, bateu falta, em jogada ensaiada, tirando do goleiro e da zaga uma bola que parecia que ia para fora, mas lá estava Galeano, apenas para devolvê-la à trajetória das redes corintianas: 3 a 2. Desta forma, a decisão foi para os pênaltis.

Antes da cobrança, Felipão, que exigiu muito do time durante toda a semana, reuniu todos e falou:

> Vão lá e batam os pênaltis do jeito que sabem e do jeito que der. Vocês me deram muito mais do que eu esperava. Todo palmeirense está orgulhoso de vocês. Foram machos, guerreiros, já ganharam o jogo por 3 a 2, agora vão lá. Chutem no Dida. O que entrar, entrou. O que não entrar a culpa é minha. Não esquentem a cabeça. A vitória é de vocês, a derrota é minha.

Marcelo Ramos abriu a sequência de pênaltis. Roque Júnior foi o segundo e Alex, o terceiro, todos convertendo, assim como os rivais. A tensão, porém, era tanta, que, após empatar a série em 3 a 3, Edu provocou de longe o zagueiro Argel e a confusão se estabeleceu. Todo mundo se empurrando, xingando, provocando. Quando as coisas se acalmaram, o quarto a bater foi Asprilla, que também converteu. O último foi Júnior. Com enorme responsabilidade, bateu no meio do gol, fazendo o quinto. Do outro lado, faltava apenas ele, Marcelinho Carioca, o maior ídolo do rival, excelente batedor. Ocorre que, do outro lado, estava Marcos, São Marcos. Marcelinho bateu certo, forte e no canto, mas Marcos fez uma ponte perfeita, pulou e, com a mão direita, espalmou a bola, impedindo o gol e dando a classificação para o Palmeiras. Na sequência, repetiu, sem querer, a corrida do Evair sete anos antes, contra o mesmo Corinthians, indo na direção da torcida e dando peixinho. Do lado de fora, Felipão corria para o vestiário, vibrando e mandando bananas para a torcida corintiana.

Era o fim do Século XX e os jornais estampavam o Palmeiras Campeão do Século, por diferentes critérios, tanto pelo ranking da Folha de S. Paulo, quanto de O Estado de S. Paulo, Federação Paulista de Futebol e CBF.

Neste jogo, eu estava em Brasília, onde exercia o mandato de deputado federal, e vi tudo pela televisão do meu quarto de hotel. Na hora dos pênaltis, eu me ajoelhei e rezei. Pedi a Deus que nos desse a vitória, ainda que, na sequência, não conquistássemos o título. Desclassificar o Corinthians, naquele clima de guerra, era a maior vitória. Deus me ouviu, mas penso que deveria ter pedido também o título.

O momento em que Marcos foi canonizado: "Deus me ouviu"

Crédito: Gazeta Press

Marcos corre para a torcida: choro, riso, grito, o Palmeiras é uma paixão

Crédito: Gazeta Press

NOVO SÉCULO, E O PRIMEIRO TÍTULO NA NOVA CASA

O PALMEIRAS ESTREOU NO NOVO SÉCULO já sem a Parmalat e iniciando uma grande reformulação no elenco, mas o primeiro semestre ainda reservou grandes alegrias e jogos importantes, com o Palmeiras chegando a uma surpreendente semifinal da Libertadores contra o Boca Juniors, sendo extremamente prejudicado pela arbitragem no jogo de ida, o que comprometeu a classificação no jogo da volta. Celso Roth era o novo comandante, símbolo de uma nova era, de austeridade e futebol de resultados, mas a ressaca de uma década de conquistas traria seu preço.

No começo de 2002, o Palmeiras até tinha uma equipe boa, que fez várias partidas de destaque, incluindo a goleada sobre o São Paulo, em pleno Morumbi, por 4 a 2, com direito ao gol antológico de Alex, dando uma sequência de chapéus na zaga e no goleiro Rogerio Ceni, humilhando o rival. Uma sucessão de técnicos e de contratações equivocadas, porém, fizeram com que o segundo semestre fosse desastroso e o Palmeiras fosse rebaixado para a Série B do Campeonato Brasileiro.

O choque foi enorme, mas houve espaço para uma virtude. O futebol brasileiro estava acostumado há décadas com viradas de mesa, mudanças de regulamento, pressões de todo o tipo. O Palmeiras, porém, aceitou as consequências de um ano ruim, com a certeza de subir no ano seguinte, dentro do campo, e foi isso que aconteceu. Com o lançamento de uma geração de garotos, com destaque para Edmílson e Vágner Love, e sob a liderança de Jair Picerni, conquistou com dignidade o título da Série B e o direito de retornar à elite do futebol brasileiro, dentro do campo.

Alex dá chapéu em Rogério Ceni: gol inacreditável

Crédito: Lancenet

Em 2004, o Palmeiras fez um bom campeonato brasileiro com Estevam Soares, terminando na quarta posição, sem grandes sustos, mas também sem conquistas. No ano seguinte, o cenário se repetiu, desta vez com a vinda do técnico Emerson Leão. O time liderado por Juninho Paulista conquistou novamente a quarta posição.

Em 2006, a diretoria trouxe de volta Edmundo, que passou a liderar o time. Ele fez boas sequências, mas ainda sentia a falta de um elenco mais qualificado. Isto começou a mudar em 2007, com a manutenção do bom elenco e o reforço do meia Valdívia. Fora do campo, outra virada, esta mais importante e estrutural, começa a sair do papel.

Com a força da torcida, Palmeiras volta à Série A: no campo, sem virada de mesa

Crédito: Gazeta Press

Em dezembro de 2007, após meses de negociações, o Palmeiras divulgou o memorando de entendimentos com a empresa WTorre para um projeto revolucionário: a parceria para a construção da melhor arena de esportes e shows da América Latina. Mais uma vez, o pioneirismo e a parceria marcaram a história do clube, que, diferentemente de seus rivais, partiu em busca de soluções que não envolvessem dinheiro público.

O prêmio por esta cultura de planos ambiciosos, ousados, criativos e pioneiros veio em 2008, com a espetacular conquista do Campeonato Paulista, principalmente pela forma como ocorreram as semifinais, contra o maior inimigo, o São Paulo Futebol Clube.

O primeiro jogo, no Morumbi, terminou com vitória do São Paulo, mas o Palmeiras, por ter melhor campanha em todo o torneio, tinha a vantagem de mando no jogo de volta e precisava apenas de uma vitória simples. No domingo ensolarado, Palestra Italia lotado, o Palmeiras abriu o placar e controlou toda a partida. Já no segundo tempo, quando o São Paulo se lançava todo para o ataque, o Palmeiras acertou um contra-ataque com Wendel, que atravessou metade do campo, com bom domínio de bola. Quando chegou na grande área são-paulina, de frente para o goleiro Rogerio Ceni, passou de trivela para o meia Valdívia, que corria paralelo, solto na marca do pênalti, que, por sua vez, com classe, tocou para o fundo das redes do São Paulo, selando a classificação.

A irreverência de Valdívia, sua grande marca, veio à tona. Ele até ameaçou correr para a torcida, mas inverteu o caminho, atravessou novamente a área do rival, passando em frente ao goleiro já bastante irritado, mandou silenciar e depois fez, com as mãos, o sinal de "acabou". Na semana seguinte, foi só organizar a festa para os dois jogos contra a Ponte Preta, contra a qual o Palmeiras conquistou o Campeonato Paulista de 2008.

Pouco depois da conquista, uma Assembleia Geral de Sócios da Sociedade Esportiva Palmeiras aprovou as condições negociadas pela Diretoria, referendadas pelo Conselho Deliberativo, com parecer positivo do COF, para a construção da Nova Arena.

Em 2009, o Palmeiras fez uma grande reformulação no elenco, com a saída dos laterais Élder Granja e Leandro, do zagueiro Roque Júnior, do volante Martinez, do meia Denílson e dos atacantes Alex Mineiro e Kléber. Para a defesa, que sofreu diversas críticas no Brasileiro de 2008, chegaram Danilo e Maurício. O primeiro veio depois de uma árdua negociação com o Atlético-PR. Já o segundo deixou o Coritiba e rejeitou proposta do Vasco para jogar no Verdão. Para a lateral, o Palmeiras

Edmundo está de volta: técnica apurada e uma garra que contagia

Crédito: Gazeta Press

Valdívia na conquista do título paulista de 2008: os adversários estavam falando demais

Crédito: Lancenet

trouxe Pablo Armero, da seleção colombiana. Para o meio-campo, veio Cleiton Xavier, destaque do Figueirense, e, para o ataque, foi contratado o centroavante Keirrison, jovem revelação do Coritiba. Estes, com Marcos, Pierre e Diego Souza, formaram um belo time, que, entretanto, fracassou nas mãos do experiente Wanderlei Luxemburgo. Por quebra de hierarquia, Luxemburgo acabou demitido no início do Campeonato Brasileiro.

Após breve período do técnico Jorginho, que conseguiu importantes vitórias, Muricy Ramalho foi contratado, mas este também fracassou. Pegou o time na liderança e até conseguiu mantê-lo assim por várias rodadas, mas, enquanto tentava implantar um esquema mais defensivo, entrou em conflito com parte do elenco e este racha, além de contusões na reta final, fez o time perder o Campeonato que liderava e ainda terminar em um frustrante quinto lugar.

Em 2010, o ano começou mal e, em fevereiro, Muricy foi demitido, substituído por Antônio Carlos, que fazia um bom trabalho no São Caetano. Este, porém, também enfrentou dificuldades com o elenco e foi demitido em maio, após confusão com o atacante Robert.

A diretoria resolveu dar uma grande cartada, como havia feito em 2008, e, no meio do ano, anunciou a recontratação do atacante Kléber e de Valdívia, anunciou a Fiat como patrocinadora, chegou a especular a contratação de Ronaldinho Gaúcho e, para dirigir este novo time, trouxe o consagrado Luís Felipe Scolari, Felipão. O tempo, no entanto, foi curto e os resultados não apareceram no primeiro semestre. O time até chegou à semifinal da Copa Sul-Americana, mas perdeu. A política entrou em campo com a proximidade das eleições e, em janeiro de 2011, Arnaldo Tirone foi eleito o novo presidente do clube. Junto a posse dele, aconteceu um bom desmanche do elenco.

Em 2012, Felipão ainda praticava seus milagres e levou o Palmeiras à conquista de seu 10º Campeonato Nacional, a Copa do Brasil, com vitórias espetaculares contra o Grêmio, no Olímpico, e, na final, contra o Coritiba, no Couto Pereira. A desorganização, porém, era grande e, no início do Brasileiro, Felipão saiu e o time afundou de vez, com a troca por Gilson Kleina, sendo rebaixado para a Série B em 2013, ano que passou rapidamente, tendo como único destaque o retorno do time para a Série A, sem sustos, mas também sem os momentos mais emocionantes de envolvimento da torcida, como havia ocorrido em 2003. Com serenidade, o time retornou para a Série A no ano de seu centenário, 2014.

Na Copa de 2014, o Palmeiras se fez representar por dois jogadores: Valdívia defendeu o Chile e marcou um gol; e Henrique teve sua chance no Brasil.

Palmeiras conquista a Copa do Brasil: décimo título nacional, no estilo Felipão

Crédito: César Greco

Defendendo o continente sul-americano, o Palmeiras enfrentou a Fiorentina em agosto de 2014, em um desafio intercontinental. Venceu por 2 a 1 e ajudou o continente a lutar pela conquista de um cobiçado troféu, a copa EuroAmericana.

Foi 2014 também o ano em que a FIFA reconheceu a memorável conquista de 1951 como o primeiro título de abrangência mundial conquistado por um clube. O Brasil já sabia da importância daquele triunfo, que veio depois da derrota para o Uruguai em 1950, mas faltava o reconhecimento oficial, que agora vinha, justamente no ano do centenário.

A história do Palmeiras é de glória e o futuro, muito promissor. Novos tempos, novo estatuto. Na primeira eleição direta na história do Palmeiras, Paulo Nobre foi reeleito presidente em 2014, para um mandato de dois anos. Depois de um período difícil, em que foi necessário reorganizar as finanças, o Palmeiras começa a colher frutos.

A nova arena também simboliza as mudanças no clube. Na reta final da construção, visitei o Allianz Parque e vi o que, com certeza, é uma das mais modernas arenas do mundo. Padrão FIFA, primeiríssimo mundo, construído sem recursos públicos, como é tradição no Palmeiras.

Ao pisar no gramado, senti aquela emoção de todo torcedor, quando tem a oportunidade de entrar no palco dos craques. Antevi jogos memoráveis, novas conquistas. Sim, novas conquistas, porque um clube da envergadura do Palmeiras tem um só destino: lutar para estar entre os primeiros. Sempre.

Com mais de 100 anos de vida, o clube alviverde projeta e realiza uma série de ações para se firmar como a principal potência esportiva que sempre foi.

Despedida no antigo Palestra Italia: os momentos de glória aqui jamais serão esquecidos

Crédito: César Greco

Allianz Parque, imagem externa

Crédito: João L. Anjos, Angular

Allianz Parque, eleita uma das melhores arenas do mundo: padrão que a torcida merece

Crédito: Renato Pizzuto, Placar

Além do projeto arquitetônico, a utilização do Allianz para shows é favorecida pela localização. A arena fica num bairro de classe média, Perdizes, muito próximo do centro da cidade e com facilidade de acesso, seja de carro, com a proximidade da Marginal Tietê, de metrô, com a Estação Palmeiras/Barra Funda, de trem, com a estação Água Branca, ou de ônibus, com mais de 50 itinerários diferentes.

Essa somatória de fatores levou o Palmeiras e a WTorre a venderem, efetivamente, o direito do nome da arena. A Allianz adquiriu essa vantagem, incorporando o estádio palmeirense a outros quatro em todo mundo: na Alemanha, França, Inglaterra e Austrália. É obra de primeiro mundo, que pode ser visitada em passeios com guia, de quarta a domingo. É comum nesses passeios os guias perguntarem entre os presentes quem não é palmeirense. Nessas ocasiões, quase metade levanta a mão.

Todos querem conhecer o estádio 100% padrão FIFA, mas, naturalmente, são os palmeirenses que mais se emocionam. A caminho do vestiário, os participantes do tour podem ver painéis com fotos de Edmundo, Leivinha, Ademir da Guia, conhecem os camarotes e chegam até a beira do gramado, onde podem tirar foto com uma das mais importantes conquistas do clube: a Taça Libertadores da América.

Emocionante também é ver uma relíquia, parte da arquibancada do Palestra Italia, preservada sob as novas cadeiras. A preservação atendeu a uma necessidade legal, já que, oficialmente, o novo estádio é a reforma do antigo, razão pela qual foi necessário manter uma pequena parte da estrutura anterior. Para os mais antigos, como eu, a arquibancada tem valor sentimental. Foi dali que vi algumas das maiores conquistas do Palmeiras, como a Libertadores da América em 1999.

Parte da arquibancada do Palestra Italia foi preservada

Crédito: César Greco

A cobiçada Taça da Copa do Brasil de 2015

Crédito: Fernando Dantas, Gazeta Press

Gabriel Jesus: Palmeiras vence o Cruzeiro

Crédito: Thomas , Gazeta Press

A COPA DO BRASIL DE 2015

Em 2015, com o apoio do casal José Roberto Lamacchia e Leila Pereira, donos de uma importante instituição financeira, a Crefisa, e da Faculdade das Américas (FAM), o Palmeiras contratou jogadores de peso. José Roberto e Leila não são apenas patrocinadores. São palmeirenses, e isso faz toda a diferença.

E o que é ser palmeirense? O saudoso jornalista Joelmir Betting dizia: "Explicar a emoção de ser palmeirense, a um palmeirense, é totalmente desnecessário. E a quem não é palmeirense... É simplesmente impossível!"

Essa torcida foi chamada de "insana" pelo jornalista Glauco de Pierri na reportagem do jornal *O Estado de S. Paulo* sobre a decisão da Copa do Brasil de 2015, dia 2 de dezembro. Insanidade que, na análise dele, saiu da arquibancada, "contagiou os jogadores", levou o Palmeiras ao tricampeonato da Copa do Brasil e fez do clube o maior vencedor de competições nacionais do País.

Que jogo! Que final! Que Copa!

O Palmeiras estreou na Copa do Brasil jogando em Vitória da Conquista, na Bahia, contra o time que tem o nome da cidade. Goleou (4 a 1) e, na segunda fase, teve dificuldade no primeiro jogo contra o Sampaio Correia, em São Luís, Maranhão. Empatou em 1 a 1. No segundo jogo, fez 5 a 1 e garantiu vaga para a terceira fase, quando enfrentou o Asa de Arapiraca e um fantasma do passado: em 2002, o time alagoano eliminou o Palmeiras. Desta vez, foi difícil, mas o Palmeiras passou: 0 a 0 jogo de ida e 1 a 0 no jogo de volta, gol de Gabriel Jesus, que Milton Neves chama de Menino Jesus, o primeiro dele no time principal.

Esse gol deu confiança ao Menino Jesus. Nas oitavas-de-final, quando começaram os confrontos mais difíceis, o Palmeiras enfrentou o Cruzeiro. Ganhou de 2 a 1 em São Paulo e de 3 a 2 em Belo Horizonte, quando o jovem Gabriel fez dois golaços, um deles driblando o bom goleiro Fábio num espaço muito pequeno. Além de fazer os seus, deu um passe de calcanhar para Lucas Barrios fazer o dele. Essa exibição inspirou a "insana" torcida palmeirense a um novo canto no estádio: "Glória, glória, aleluia, é Gabriel Jesus".

O funil da Copa do Brasil ficava cada vez mais estreito. Nas quartas-de-final, contra o Internacional, depois de empatar por um gol em Porto Alegre, o Palmeiras fez um jogo que, na definição do locutor Cléber Machado, da Rede Globo, teve um lance que foi "para arrepiar, para deixar torcedor de qualquer time de cabelo em pé". Depois de estar vencendo por 2 a 0, o Palmeiras cedeu o empate, que daria a vaga ao Inter, pelo critério de gol fora de casa, mas o volante Andrei Girotto, aos 29 minutos do segundo tempo, arrematou de cabeça um cruzamento de Alione e garantiu a vaga para a semifinal da Copa do Brasil contra o Fluminense.

No jogo de ida, no Maracanã, o tricolor fez 2 a 1. No jogo de volta o Palmeiras devolveu o placar, e a decisão foi para os pênaltis. Eu estava no Allianz Parque, com os olhos no campo e o ouvido na rádio Jovem Pan. Quando o Gustavo Scarpa, do Fluminense, caminhava para a cobrança, o narrador Fausto Favara, que é filho do consagrado Nílson César, também da Pan, comentou: Fernando Prass pode ser o herói da noite. E não deu outra: Gustavo bateu e o goleiro palmeirense saltou para o lado esquerdo e, de mão trocada, fez uma defesa sensacional. Na soma dos pênaltis, Palmeiras 4 a 1, classificado para a final contra o Santos, a segunda do Palmeiras no ano contra o antigo time de Pelé.

Naquela noite, eu não tinha como não lembrar do primeiro jogo do Palmeiras que vi: em 1965, eu tinha seis anos, meu pai era santista e me levou para o estádio. O Palmeiras ganhou de 5 a 1, com Pelé em campo, e eu descobri que meu coração era verde e branco. Sou grato a meu pai por respeitar essa minha escolha.

O tempo passou muito depressa. Meio século depois, eu estou no estádio vendo uma nova geração brilhar: quando conheci o narrador Fausto, ele era um menino e acompanhava o pai em algumas transmissões da Jovem Pan. Hoje, substitui Nílson César em algumas partidas, com uma voz e um estilo de narração que lembram muito o pai.

Mas foi Nílson César que estava no comando da primeira partida decisiva, na Vila Belmiro, quando o Santos ganhou de 1 a 0, porém, verdade seja dita, poderia ter goleado o Palmeiras, não fossem as defesas milagrosas de Fernando Prass. O Palmeiras, de Oberdan Cattani, Waldir de Moraes, Leão, Veloso e Marcos, se reencontrava com a tradição de grandes goleiros.

Defesas milagrosas de Fernando Prass

Crédito: Ale Vianna, Agência Eleven, Gazeta Press

Comemoração e torcida na rua Palestra Itália

Crédito: Reginaldo Castro, Gazeta Press

No segundo jogo da final, quase 40 mil torcedores do Palmeiras dentro do estádio e uma multidão fora, na rua Palestra Itália, numa noite épica. Muitos que não conseguiram ingresso queriam estar o mais perto possível do time. A região é reduto do Palmeiras e vi como foi acertada a decisão de corrigir um erro histórico. Existe a rua Turiassu, que deveria terminar na praça Marrey Júnior, mas, na continuidade dela, onde está o Palmeiras, também se chamava Turiassu.

Por sugestão do presidente do Palmeiras, Paulo Nobre, eu e o vereador Antônio Donato, presidente da Câmara e palmeirense, conseguimos aprovar a lei que deu àquele trecho o nome de rua Palestra Italia. Foi nesta, com o novo nome, que os torcedores que não entraram no estádio na partida contra o Santos acompanharam o jogo, de olho na televisão dos bares. Eles foram do riso às lágrimas, trocaram abraços, pularam, cantaram, vibraram... ensandecidos...

A partida decisiva foi épica, com os jogadores respondendo em campo ao que muitos entenderam como provocações dos adversários, com declarações que podem ser interpretadas como menosprezo. Nada de anormal no futebol, mas que serviu de combustível para o time dirigido por Marcelo Oliveira. O Palmeiras jogou melhor o primeiro tempo, mas só abriu o placar aos 11 minutos do segundo tempo, com o gol de Dudu. Aos 39, ele ampliou, logo Dudu, o jogador que simbolizou o resgate da autoestima do Palmeiras.

O título estaria garantido, mas nessa noite não seria muito fácil. Haveria mais doses extras de emoção, quando Ricardo Oliveira, do Santos, fez o gol e a partida foi para os pênaltis. A estrela de Fernando Prass brilhou e, além de defender um pênalti, ele cobrou o último da série palmeirense, marcou, correu para a torcida e escreveu seu nome na galeria de heróis da Sociedade Esportiva Palmeiras.

Robinho na comemoração do primeiro gol da final

Crédito: Luis Moura, Gazeta Press

Dudu assegurando a vantagem

Crédito: Fernando Dantas, Gazeta Press

Após o jogo, o vovô guerreiro Zé Roberto lembrou da palestra que fez na abertura da temporada. "Eu disse que o Palmeiras é grande, mas eu errei, o Palmeiras é gigante", afirmou, a poucos metros de Dudu, que chorava, Robinho que pulava, Prass que era abraçado.

Com a conquista da Copa do Brasil em 2015, o Palmeiras abre caminho para o Bicampeonato do Século. É uma questão de tempo e missão de fé de todas as gerações de palestrinos e palmeirenses que conduzirão esse gigante, com a mesma generosidade, sonho, idealismo e ambição que os nossos antepassados nos conduziram até aqui!

Na virada do próximo século, muitos de nós não estarão mais aqui, mas o Palmeiras, com certeza, continuará fazendo a alegria de outras gerações.

Primeiro título na nova casa, a Copa do Brasil 2015

Crédito: Fernando Dantas, Gazeta Press

ESTATÍSTICAS

Maiores Goleadas sobre os Rivais

Corinthians	Palmeiras 8x0 Corinthians	1933
São Paulo	Palmeiras 5x0 São Paulo	1965
Santos	Palmeiras 8x0 Santos	1932
Portuguesa	Palmeiras 7x2 Portuguesa	1927
Ponte Preta	Palmeiras 6x1 Ponte Preta	1959
Guarani	Palmeiras 8x1 Guarani	1945
Flamengo	Palmeiras 7x1 Flamengo	1951
Fluminense	Palmeiras 6x2 Fluminense	2000
Vasco	Palmeiras 5x0 Vasco	1967
Botafogo	Palmeiras 6x0 Botafogo	1999
Internacional	Palmeiras 5x0 Internacional	1965
Grêmio	Palmeiras 6x0 Grêmio	1999
Cruzeiro	Palmeiras 7x3 Cruzeiro	1999
Atlético-MG	Palmeiras 5x0 Atlético-MG	1996

Maiores Goleadas em Jogos Oficiais

Camp. Paulista	Palmeiras 11x0 Internacional	SP - 1920
Camp. Paulista	Palmeiras 9x0 São Bento	SP - 1930
Taça Competência	Palmeiras 9x0 Elvira	SP - 1927
Camp. Paulista	Palmeiras 9x0 Barra Funda	SP - 1927
Camp. Paulista	Palmeiras 9x0 Primeiro de Maio	SP - 1927

Maiores Goleadas em Amistosos

Palmeiras 15x0 Combinado do Valle D´Aosta (Itália)	1999
Palmeiras 12x0 Prata, de Águas da Prata	1965
Palmeiras 11x1 Seleção de Estiva, de Minas Gerais	2003
Palmeiras 10x0 Corinthians de Penápolis, de São Paulo	1954
Palmeiras 10x0 Operário de Londrina, do Paraná	1947

Jogos contra Seleções Internacionais

Palmeiras 4x1 Seleção do Paraguai	1922
Palmeiras 3x2 Seleção do México	1952
Palmeiras 0x0 Seleção do Peru	1959
Palmeiras 1x1 Seleção do Chile	1959
Palmeiras 2x0 Seleção da Guatemala	1963
Palmeiras 5x2 Seleção do Paraguai	1965
Palmeiras 3x0 Seleção do Uruguai (Repres. Seleção Brasileira)	1965
Palmeiras 3x1 Seleção da URSS	1966
Palmeiras 1x2 Seleção do Japão	1967
Palmeiras 4x3 Seleção do Congo	1969
Palmeiras 1x3 Seleção do Congo	1969
Palmeiras 3x2 Seleção da Nigéria	1969
Palmeiras 3x1 Seleção de Gana	1969
Palmeiras 1x0 Seleção da Hungria	1972
Palmeiras 3x0 Seleção do Irã	1972
Palmeiras 0x1 Seleção da África do Sul	1972
Palmeiras 1x1 Seleção da Argentina	1973
Palmeiras 2x1 Seleção da Argentina	1975
Palmeiras 1x0 Seleção da Coreia do Sul	1978
Palmeiras 1x1 Seleção do Japão	1978
Palmeiras 1x2 Seleção do Chile	1981
Palmeiras 1x0 Seleção do Peru	1982
Palmeiras 0x2 Seleção do México	1984
Palmeiras 1x1 Seleção do Peru	1985
Palmeiras 1x0 Seleção do Japão	1989
Palmeiras 1x1 Seleção do Paraguai	1993
Palmeiras 0x3 Seleção da Colômbia	1994
Palmeiras 1x0 Seleção da Geórgia	1994
Palmeiras 2x0 Seleção do Qatar	1998

Jogadores do Palmeiras — Campeões Mundiais

1958	Mazzola	3 jogos, 2 gols
1962	Djalma Santos	6 jogos
	Vavá	6 jogos, 4 gols
	Zequinha	
1970	Baldochi	
	Leão	
1994	Zinho	7 jogos
	Mazinho	6 jogos
2002	Marcos	7 jogos

Maiores Artilheiros

327 gols	Heitor
180 gols	César
153 gols	Ademir da Guia
149 gols	Lima
140 gols	Servílio
127 gols	Evair
126 gols	Humberto Tozzi
125 gols	Rodrigues Tatu
123 gols	Luizinho Mesquita
122 gols	Tupãzinho

Jogadores que Mais Atuaram pelo Clube

901 jogos	Ademir da Guia
617 jogos	Émerson Leão
609 jogos	Dudu
601 jogos	Waldemar Fiúme
584 jogos	Valdemar Carabina
568 jogos	Luís Pereira
532 jogos	Marcos
501 jogos	Djalma Santos
488 jogos	Nei
482 jogos	Valdir de Moraes

PALESTRA ITALIA / PALMEIRAS — CAMPEÃO DO SÉCULO XX

Conquistas Mais Importantes

Internacionais

Mundial Interclubes	1951
Copa Libertadores da América	1999
Copa Sul-Americana Mercosul	1998

Nacionais

Campeonato Brasileiro	1960, 1967 (Taça Brasil), 1967 (Torneio Roberto Gomes Pedrosa), 1969, 1972, 1973, 1993, 1994
Copa do Brasil	1998, 2012
Copa dos Campeões	2000

Interestaduais

Torneio Rio–São Paulo	1933, 1951, 1965, 1993, 2000
Taça dos Campeões Rio–São Paulo	1926, 1933, 1942, 1947

Estaduais

Campeonato Paulista	1920, 1926 (invicto), 1927, 1932 (invicto), 1933, 1934, 1936, 1940, 1942, 1944, 1947, 1950, 1959 (supercampeão), 1963, 1966, 1972 (invicto), 1974, 1976, 1993, 1994, 1996, 2008
Campeonato Paulista Extra	1926 (invicto), 1938

UMA BOA IDEIA

No ano do centenário do Palmeiras, a FIFA reconheceu a conquista de 1951 como o primeiro campeonato de abrangência mundial vencido por um clube. Os administradores da página no Facebook **Uma História Gloriosa**, publicaram um banner que logo viralizou. Era um agradecimento aos torcedores rivais pela homenagem que involuntariamente prestam ao Palmeiras toda vez que falam da cachaça 51, conhecida pelo slogan *Uma Boa Ideia*. A bebida foi criada na década de 1950 pelos irmãos Piccolo, torcedores do Palmeiras. Eles queriam eternizar a conquista do clube. Esta já tinha entrado para a história. O que conseguiram, além de homenagear o clube, foi lançar a terceira bebida destilada mais vendida no Planeta, sendo a cachaça mais vendida do mundo. Sem dúvida, associar um produto à história do Palmeiras sempre foi uma excelente ideia.

Imagem retirada de mídias sociais web